Brigitte Steger

Inemuri

Wie die Japaner schlafen und was wir von ihnen lernen können

Rowohlt Taschenbuch Verlag

Originalausgabe
Veröffentlicht im
Rowohlt Taschenbuch Verlag,
Reinbek bei Hamburg,
März 2007

Redaktion Rasha Khayat
Umschlaggestaltung
ZERO Werbeagentur, München
Satz Adobe Garamond und Myriad Condensed
PostScript (InDesign) bei
KCS GmbH, Buchholz bei Hamburg
Druck und Bindung
Clausen & Bosse, Leck
Printed in Germany
ISBN 978 3 499 62194 9

Für Xaver
und natürlich: Polifasio

«Und was das Schlafen betrifft, so kann es nie ein Volk gegeben haben, das sich so dem Schlummer hingeben kann. Es ist wahrlich eine Gabe! Sie begeben sich in erstaunliche Haltungen in Zügen und Bussen. Es sieht sehr ungemütlich aus, aber das scheinen sie überhaupt nicht zu bemerken.»
(Katharine Sansom, 1937)

Inhalt

Einleitung

Immer wieder beobachten ausländische Besucher in Japan eine ganz besondere Neigung der Einheimischen zum Tagesschlaf in der Öffentlichkeit. Sämtliche Züge sind voll mit Schlafenden, offenbar Übermüdete dösen am Straßenrand auf einem Mäuerchen sitzend, sie suchen ein ruhiges Plätzchen in einem Lokal oder im Kaufhaus. Taxifahrer warten schlafend bei laufendem Motor und Klimaanlage in ihrem Auto auf die nächste Kundschaft, und junge Männer mit Lieferwagen nehmen sich immer wieder eine Auszeit. Ich habe auch schon in den frühen Morgenstunden Schlafende in einer Diskothek gleich neben der Lautsprecheranlage gesehen, ebenso bei Sportveranstaltungen, beim Konzert oder beim Abendessen im Lokal. Und auch in Arbeitssituationen, sei es in einem

Bibliothek der Sophia-Universität, Tokyo.

Ein Lieferant in Tokyo macht eine kurze Schlafpause.

Vortrag, in der Bibliothek, in einer Sitzung oder im Schulunterricht, ist Schlafen durchaus üblich.

Diese Art von Schlaf heißt in Japan *inemuri*. Das Wort setzt sich aus den Schriftzeichen: *i(ru)*, «anwesend sein» und *nemuri*, «Schlaf» zusammen, kann also mit «schlafend anwesend sein» oder «Anwesenheitsschlaf» übersetzt werden. Gemeint ist das Schlafen im Zug, beim Autofahren (eine häufige Unfallursache), im Kino, beim Essen, in der Bibliothek, beim Vortrag, in einer Sitzung, am Schreibtisch oder im Unterricht. *Inemuri* kann nur wenige Sekunden dauern, aber auch bis zu mehreren Stunden. Die häufigste Art *inemuri* ist das Schlafen im Sitzen, aber auch liegend oder stehend kann *inemuri* gehalten werden.

Die Bezeichnung *inemuri* sagt nichts über die Tiefe des Schlafes aus oder ob man träumt oder nicht. *Inemuri* ist das Schlafen, während man offiziell etwas anderes tut. Damit ist es nicht nur vom Nachtschlaf im Bett zu unterscheiden, sondern auch vom Mittagsschläfchen auf dem Sofa oder vom «power napping» in einem eigenen Ruhezimmer im Büro.

Die chinesischen Schriftzeichen für *inemuri*:

居	眠り
i-	*nemuri*
anwesend sein	Schlaf

Inemuri fällt vor allem deshalb auf, weil es nicht allein leger gekleidete Jugendliche, Arbeiter oder Obdachlose sind, die in der Öffentlichkeit ihr Nickerchen halten, sondern auch Männer in Anzug und Krawatte oder Frauen im schicken Kostüm. Pendler und Langstreckenreisende schlafen auch in unseren Breiten im Zug, aber bisher habe ich noch kein Land bereist und von keinem Land gehört, in dem Büroangestellte, ob sitzend oder stehend, in dieser Häufigkeit, an so vielen Orten und in allen möglichen Haltungen schlafen. Das private Schlafen in der Öffentlichkeit zu betreiben scheint im Widerspruch zum formellen Äußeren zu stehen.

Seit Jahrzehnten hören wir, wie fleißig und eifrig Menschen in Japan ihrer Arbeit nachgehen. «Japaner» steht beinahe als Synonym für «Arbeitstier». Wie passt das damit zusammen, dass es offenbar ganz selbstverständlich ist, wenn Kinder und Jugendliche im Schulunterricht oder Geschäftsleute in Sitzungen schlafen? Bereits das Ausschlafen im Bett oder auf dem Futon wird in Japan als Zeichen von Faulheit gewertet – wie kommt es also, dass das Schlafen während einer Veranstaltung oder gar am Arbeitsplatz nicht unbedingt negativ auffällt? Welchen Sinn macht es, Kinder und Jugendliche dazu anzuhalten, am Abend lange aufzubleiben, um zu lernen, wenn sie am nächsten Tag im Unterricht einschlafen oder sich an ihren Schreibtischen nicht konzentrieren können und den ganzen Tag vor sich hin träumen?

Mein Interesse am Thema japanisches Schlafverhalten wurde

während meines ersten Japanaufenthaltes 1989/90 geweckt, als ich acht Monate lang überwiegend in Tokyo lebte. Während der ersten Monate wohnte ich direkt an der Kreuzung einer achtspurigen Straße. Der Verkehrslärm ließ mich erst bei völliger Erschöpfung Schlaf finden. Eines Nachts begannen die Straßenarbeiter sogar nach Mitternacht, mit dem Presslufthammer die Straße aufzureißen, da sie – so schien es mir zumindest – den Autoverkehr bei Tag nicht behindern wollten. Ob die Anwohner dabei schlafen konnten oder nicht, war offensichtlich zweitrangig. Auch andere Erlebnisse, wie Telefonanrufe von Fremden spätabends oder frühmorgens, Routinehausbesuche der Polizei am frühen Sonntagmorgen und dergleichen mehr, vermittelten mir den Eindruck, dass der Nachtruhe im Gegensatz zum ungestörten Arbeiten und anderen Aktivitäten nur ein geringer Stellenwert beigemessen wurde.

Japan stand zu jener Zeit auf dem Höhepunkt der als *bubble economy* bekannten Überhitzungsphase der Konjunktur. Entsprechend hektisch gestaltete sich der Alltag. Die Menschen schienen permanent unter Stress, hatten ihren Tagesplan mit Arbeits- und Freizeitterminen ausgefüllt und kamen kaum noch zum Schlafen. Der Werbeslogan für einen Energiedrink «Kannst du 24 Stunden durchkämpfen? Businessman. Businessman. Japanese businessman» stand Ende der achtziger Jahre symbolisch für den Lebensstil der Zeit. Viele stöhnten und meinten: «Wir Japaner sind verrückt, so viel zu arbeiten.» Aber in diesem Jammern schwang auch Stolz darüber mit, fleißiger und daher in moralischer Hinsicht vermeintlich besser zu sein als der Rest der Weltbevölkerung. Kaum jemand, so schien mir, verweigerte sich dieser Hektik. Die einzige Möglichkeit auszusteigen war, krank zu werden. Und so hörte ich immer wieder, dass Bekannte für einige Monate wegen Erschöpfung der Arbeit fern und zu Hause blieben. Auffallend war auch eine Häufung von Medienberichten über die Weigerung vieler Kinder, die Schule zu besuchen oder auch nur am Morgen aufzustehen. Man-

Ein Regal mit Vitamin- und Energiedrinks in einer Drogerie in Tokyo.

che der «wie verrückt arbeitenden» Angestellten schafften es nicht mehr rechtzeitig, die Notbremse zu ziehen, und erlagen dem Tod durch Überarbeitung, *karōshi*.

Nach ein paar Monaten an der lauten Straßenkreuzung zog ich in cinen ruhigeren Stadtteil, war aber nun gezwungen, vom

Fahrrad auf öffentliche Verkehrsmittel umzusteigen, um zu meiner Arbeitsstelle zu fahren. Dabei hatte ich täglich die Gelegenheit, unzählige Schlafende in den U-Bahnen zu beobachten. Manche von ihnen schliefen sogar stehend, was niemanden zu wundern schien. Meine neuen japanischen Mitbewohner stellten immer wieder scheinbar neidisch fest, wie viel ich schliefe (tatsächlich waren es nur sieben oder acht Stunden), und es klang so, als sagten sie: «Bist du aber faul!» Denn sie selbst verbrachten nur fünf oder sechs Stun-

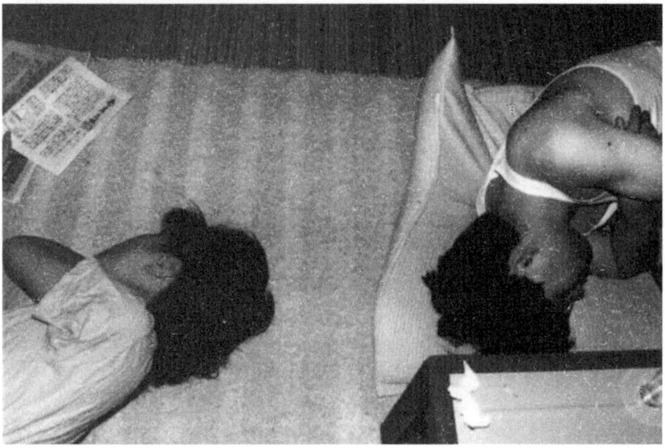

Meine Mitbewohner nach dem Abendessen.

den pro Nacht im Bett und waren ständig sehr beschäftigt. Wenn ich aber beispielsweise nach einem gemeinsamen Abendessen das Geschirr abwusch und wieder ins Esszimmer zurückkehrte, lagen sie auf dem Fußboden und schliefen. Derartige Nickerchen zählten sie ebenso wenig zu ihrer Schlafenszeit wie das Schlafen während der täglichen Fahrt zur Arbeit.

Dieser scheinbare Widerspruch machte mich neugierig. Nachdem ich mich jahrelang mit japanischen Schlafgewohnheiten und vor allem mit *inemuri* beschäftigt habe, unzählige Leute befragt, beobachtet und zahlreiche Quellen aufgestöbert und gelesen habe, konnte ich nicht nur spannende Entdeckungen machen, die mir die japanische Gesellschaft und Kultur näher gebracht haben. Mir ist auch klar geworden, dass die japanischen Schlafgewohnheiten durchaus Sinn machen. Ich möchte die Leserinnen und Leser einladen, eine Reise in das faszinierende Thema japanische Schlafgewohnheiten zu unternehmen und sich mit mir Gedanken darüber zu machen, ob und wie wir von diesen Erfahrungen auch lernen und die eine oder andere Anregung für unser eigenes Leben mitnehmen können.

Japanische Schlafgewohnheiten

Die Schlafstatt

Das «Bett» des Japaners unterscheidet sich erheblich von den uns bekannten und vertrauten Schlafstätten. Dennoch kennt es jeder: Japanische Futons haben auch in Europa eine breite Anhängerschaft gefunden. Diese Baumwollmatten waren in den siebziger und achtziger Jahren vor allem bei Studenten sehr beliebt. Die ersten Futons waren jedoch sehr schnell durchgelegen und hart. Mit Lagen aus Rosshaar, Latex und Schafwolle sollten sie deshalb bald erhöhten Ansprüchen und einem neuen Gesundheitsbewusstsein Rechnung tragen. In Japan selbst schlafen etwa die Hälfte der Japaner in Betten, die Hälfte in Futons.

Japanische Futons sind meist ausschließlich mit Baumwolle gefüllt. Sowohl die Unterlage oder Matratze (*shikibuton*) als auch die flache Zudecke (*kakebuton*) heißen Futon. Deshalb legt man sich «in die Futons hinein», nicht oben drauf. Zum Schlafen sind Futons üblicherweise auf so genannten Tatami ausgebreitet. Diese Binsenmatten sind auf einem Holzrahmen aufgespannt und mit dicken Lagen Stroh unterlegt, weshalb sie etwas weicher sind als die in den modernen Stadtwohnungen üblichen Holz-, Laminat- oder Teppichböden. Auch moderne japanische Stadtwohnungen haben meist zumindest ein Zimmer, das mit Tatami ausgelegt ist. Japanische Zimmergrößen sind übrigens in Tatami angegeben, wobei eine Einheit in Kyoto etwa 180 mal 90 cm groß ist, in Tokyo etwas kleiner.

Wer sich in Japan aufhält, wird bald bemerken, dass viele Wohnungen einen Balkon haben, der meist südseitig angelegt ist. Doch niemand nutzt den Balkon, um draußen zu sitzen und Kaffee zu trinken. Er dient dem Aushängen der Futons, dem Wäschetrocknen und manchmal als Sperrmülllager. Um in trockenen, flauschigen Futons schlafen zu können, ist es besonders wichtig, die Futons bei schönem Wetter täglich in die Sonne zu hängen. Aufgrund der hohen Luftfeuchtigkeit, die in Japan gewöhnlich herrscht, würden ansonsten die Baumwollfutons nicht nur bald feucht, sondern auch zusammengedrückt und hart werden. Einen flachgedrückten Futon nennt man *senbei*-Futon; ein *senbei* ist ein Reiscracker. Wer nicht in der glücklichen Lage ist, einen südseitigen Balkon zu besitzen oder wer ganztägig berufstätig ist, muss sich andere Lösungen suchen. Seit einiger Zeit gibt es daher Futon-Trockner, eine Art umgekehrten Staubsauger, der trockene, heiße Luft zwischen die Bettdecken bläst.

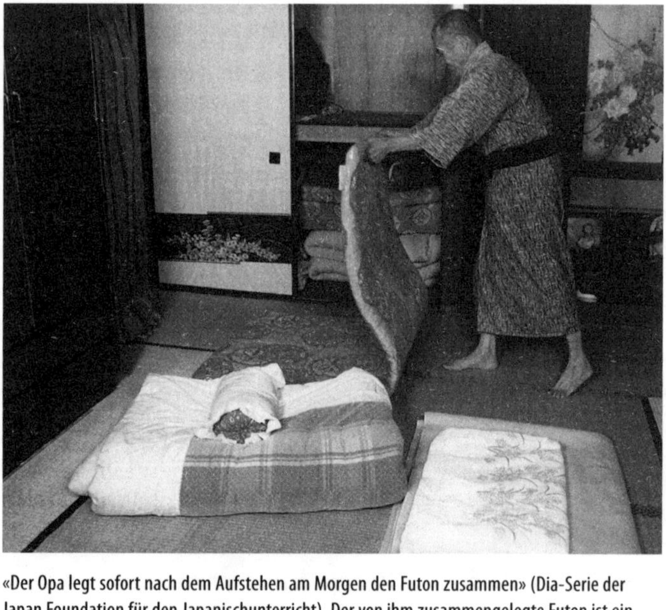

«Der Opa legt sofort nach dem Aufstehen am Morgen den Futon zusammen» (Dia-Serie der Japan Foundation für den Japanischunterricht). Der von ihm zusammengelegte Futon ist ein *senbei*-Futon.

Das Zusammenrollen dieser Matten, um sie weich zu erhalten, wie das bei uns üblich ist, ist in Japan unbekannt. Futons werden vielmehr tagsüber gefaltet und in einem großen Wandschrank übereinandergestapelt. Dafür sind die Hausfrauen und Mütter zuständig. Meinen Beobachtungen und Befragungen zufolge räumen nur wenige Männer den Futon regelmäßig in den Schrank. Außer wenn sie allein leben, ist das eher nur am Wochenende der Fall und beschränkt sich meist auf ihr eigenes Bettzeug.

Im folgenden Interviewausschnitt bestätigt der dreißigjährige Universitätslehrer Masagata aus Sapporo diese Beobachtungen. Da er mit einer Deutschen verheiratet ist, müssen die Zuständigkeiten und Abläufe in ihrem Haushalt erst ausgehandelt werden. Die Masagatas haben ein großes Haus, das Schlafzimmer wird tagsüber nicht verwendet.

BS: Schlaft ihr in Betten?

M: Nein, in Futons.

BS: Und die bleiben den ganzen Tag liegen?

M: Ja, wir lassen sie liegen. Ich mag das allerdings nicht. Ich würde gerne die Futons wegräumen, aber selbst wenn ich das sage, geschieht nichts. So ist das eben Brauch mit den Betten in Europa.

BS: Und du selbst räumst sie nicht weg?

M: Nein. Ich würde sie gerne wegräumen, aber dann müsste ich den von meiner Frau Susanne auch aufräumen, und es ist sehr lästig, die Matten jeden Tag wegzuräumen und aufzuhängen. Als ich allein lebte, habe ich das immer gemacht. Ich mag es überhaupt nicht, wenn der Futon den ganzen Tag daliegt. Wenn man bedenkt, dass man dort schläft und sich aufhält und isst, dann muss man es wegräumen. Aber da wir jetzt zu zweit leben, da muss man die Futons für zwei Personen wegräumen, und es ist sehr anstrengend.

BS: Futons wegzuräumen ist offensichtlich Frauenarbeit?

M: Lass mich mal überlegen! Ja, ich glaube, das stimmt. Das macht wohl meistens die

> Mutter. Aber als ich dann alleine ein Zimmer hatte, mh, ja, tatsächlich, da habe ich das wohl am Morgen liegen lassen. Später hat es dann meine Mutter aufgeräumt. Obwohl es mein privates Zimmer war, ging sie oft hinein, um zu putzen. Wenn der Futon da liegt, dann kann sie nicht putzen. Ich habe ihr dann zwar öfters gesagt, ich möchte nicht, dass sie den Futon wegräumt. Aber das kann man natürlich nicht jeden Tag wiederholen. Mütter wollen eben putzen. Deshalb tun sie das mit dem Futon. Und mein Vater? Mh. Ich habe nie gesehen, dass er die Futons weggeräumt hat. Tatsächlich, bei uns zu Hause macht das immer meine Mutter. Wenn ich meine Eltern jetzt besuche und dort übernachte, dann hat meine Mutter auch immer einen Futon für mich ausgebreitet und mit einem Futon-Trockner aufgewärmt.

Futons, die tagsüber im Zimmer ausgebreitet bleiben, werden *mannentoko,* «10 000-Jahre-Schlafplatz», genannt. Es gilt als ein Zeichen für Faulheit, die Futons liegen zu lassen. Am Futon lässt sich in vielfacher Weise ablesen, ob eine Frau eine gute, tüchtige Hausfrau ist. Er wird zu einem Indikator für ihre eheliche Liebe und mütterliche Fürsorge. Wann hängt sie den Futon in die Sonne? Tut sie es überhaupt regelmäßig? Hat sie ihn aufgeräumt, wenn man unverhofft zu Besuch kommt? Wie sieht der Futon aus? Ist er flauschig und weich oder ist er flachgedrückt und unhygienisch?

Die Menschen in Japan verwendeten nicht immer schon Futons. Die Adeligen im Altertum vor etwa tausend Jahren schliefen auf zusammenfaltbaren Matten auf dem Holzboden (vgl. Abbildung Seite 22). Aus diesen Matten entwickelten sich später die heute verwendeten Tatami (wörtlich: gefaltet). Dieser Luxus kam aber für die überwiegende Mehrheit nicht in Frage. Für die Landbewohner war es viele Jahrhunderte hindurch üblich, in einer Art fensterlosem Abstellraum im hintersten Winkel des Hauses, dicht zusammengepfercht auf dem Holz- oder Erdboden, zu schlafen. Wenn es kalt war, verwendeten sie Stroh oder getrocknete Blätter, um ihre Schlafstätte komfortabler zu machen.

«Der kleine Minoru hilft immer der Großmutter, die Futons in den Schrank zu räumen» (Dia-Serie der Japan Foundation für den Japanischunterricht).

Baumwolle war in Japan schon lange vereinzelt bekannt, sie wurde aber erst seit dem 16. Jahrhundert angebaut. Wohlhabende konnten es sich bald leisten, ihre kimonoartigen Kleidungsstücke für den Winter mit Baumwolle füllen zu lassen. Diese wattierten Kimonos schützten sie am Tag vor Kälte und Zugluft und dienten ihnen in der Nacht als Zudecke und Unterlage. Daraus entwickelten sich mit der Zeit die Futons, die ab dem 17. Jahrhundert in immer mehr Bevölkerungsschichten zu finden waren.

Kopfkissen (*makura*) waren auch schon lange Bestandteil der Ausstattung des Schlafplatzes. Wer sich darunter aber ein weiches Federpolster vorstellt, liegt falsch. Man sollte wohl eher von Kopfstützen sprechen. Meistens handelte es sich dabei um ein Holzkästchen, das mit einem mit Buchweizenstreu gefüllten Stoffstück bespannt war, das ausgewechselt werden konnte. Gerade Frauen hohen Standes oder diejenigen in den Freudenvierteln mussten sehr darauf achten, dass auch beim Schlafen ihre Frisur nicht zerstört wurde, weshalb ihr *makura* sehr hoch war. In dem Kästchen

Die Nonne Kairenbō, die Mutter des Mönches Sonpen vom Kōfukuji (Tempel in Nara), schläft und träumt. Sie und eine Begleiterin schlafen auf Tatami. Szene aus dem *Kasuga gongen genki-e*.

bewahrte man Schreibutensilien, Liebesbriefe oder erotische Bilder auf. Letztere heißen deshalb auch *makura*-Bilder.

Auch bei der Kopfstütze mussten die ärmeren Bevölkerungsschichten sich lange Zeit mit einem Stück Holz oder einem Bündel Kleidung behelfen und verwendeten später einfache, mit Buchweizenstreu oder getrockneten Halmen gefüllte Kissen. Diese sind auch heute noch verbreitet und beliebt, aber Japaner können aus einer Fülle an Materialien auswählen. Federbetten sind aufgrund der hohen Luftfeuchtigkeit eher selten.

Bemerkenswerterweise wurden Tatami und Futon erst nach der Meiji-Restauration 1868, also nach der Öffnung Japans zum Westen und dem Beginn der Moderne, allgemeiner Standard im ganzen Land. Die damals neu eingeführten westlichen Bettgestelle und Sprungfedernmatratzen hingegen gab es zunächst nur vereinzelt. Die Ersten, die dieses exotische Interieur anschafften, waren die Bordellbesitzer, um damit Kunden anzulocken, so wie man heu-

Aus der humoristischen Serie «Moralische Unterweisungen für Kaufmannslehrlinge» *(Kyōkun zen'aku kozō soroi)* von Utagawa Kuniyoshi, 1857: Während die beiden braven Lehrlinge am Feiertag ausschlafen, sind die drei schlechten Lehrlinge ausnahmsweise früh aufgestanden und machen sich zum Aufbruch bereit. Nur zum Neujahrsfest und zum Ahnenfest war es den Lehrlingen erlaubt, nach Hause zurückzukehren.

te in manchen Love-Hotels zwischen romantischem Himmelbett, Raumschiff, strenger Kammer oder Hello-Kitty-Ambiente wählen kann. In den Haushalten waren Betten vor dem Zweiten Weltkrieg praktisch kaum anzutreffen. Die Soldaten der kaiserlichen Armee lernten während ihres zweijährigen Wehrdienstes die westliche Kultur des Schlafens in Betten und Wolldecken zwar kennen, schliefen zu Hause jedoch weiterhin in Futons. Erst während der amerikanischen Besatzungszeit nach Ende des Zweiten Weltkrieges wurde es unter dem Einfluss von Hollywood-Filmen zunehmend populär, im Schlafzimmer ein Bettgestell aufzustellen.

Frau Hideya gründete etwa um 1960 eine Familie und bewohnte mit ihrem Mann und dem ersten Baby zunächst ein kleines Reihenhaus. Im Erdgeschoss befand sich die Wohnküche und das Badezimmer, im oberen Stockwerk das Arbeitszimmer ihres Mannes (6 Tatami; 9,6 m^2) und das Schlafzimmer (4,5 Tatami; 7,2 m^2):

«Wir schliefen in Betten. Wir stellten uns ein Doppelbett ins Zimmer. Sonst hatte dort nichts Platz. Das Zimmer war mit dem Bett komplett voll. Am Rand konnten wir nur seitlich vorbeigehen. In diesem Bett schliefen wir alle drei. Wenn ich mir das jetzt so durch den Kopf gehen lasse, war es wohl ziemlich unsinnig, in so einem engen Raum ein riesiges Bett aufzustellen. Tagsüber konnten wir das Zimmer überhaupt nicht verwenden. Aber damals wollten wir unbedingt in Betten schlafen. Es hatte so ein Flair von high-class, von Kultiviertheit. [...] Unten hatten wir auch noch ein Gitterbett, und so war auch die Küche ziemlich beengt. Aber das Gitterbett verwendeten wir nur tagsüber, wenn ich mich in der Küche aufhielt. Oben gab es keinen Platz dafür. Da wir das kleine Kind in der Nacht nicht unten allein lassen konnten, schlief es dann bei uns im Bett.»

Wie dieses Beispiel zeigt, führte der Besitz eines Bettes entgegen dem Image nicht unbedingt zu einer Erhöhung des Lebensstandards. Wenn die Familie Hideya in Futons geschlafen hätte, hätte Frau Hideya tagsüber neben der Küche noch ein zweiter Aufenthaltsraum zu ihrer Verfügung gestanden, wodurch sich ihr Wohnraum beinahe verdoppelt hätte.

Die Schlafanordnung

Die Schlafanordnung, die die Hideyas (siehe Kasten) aufgrund ihrer Wohnverhältnisse eingenommen haben, entspricht der üblichen Aufteilung. Babys und Kleinkinder schlafen mehrere Jahre bei den Eltern im Bett oder Futon oder gleich daneben. Als typisch für das japanische Zusammenschlafen gilt das so genannte *kawa no ji,* das chinesische Schriftzeichen für Fluss, das aus drei nebeneinander stehenden Längsstrichen besteht, wobei der mittlere etwas kürzer ist. Das bedeutet, dass das Kind zwischen den Eltern schläft. Tatsächlich ist die Anordnung heute flexibel, meist schläft aber die Mutter in der Mitte. Kommt ein zweites Kind, wechselt das ältere vielleicht auf die Seite des Vaters oder in ein eigenes Zimmer; in Dreigenerationenhaushalten verbringen die älteren Kinder die Nacht oft bei der Großmutter. Oder aber – und das scheint häufig der Fall zu sein – der Vater schläft alleine in seinem Arbeitszimmer, während die Mutter mit den Kindern im Schlafzimmer bleibt.

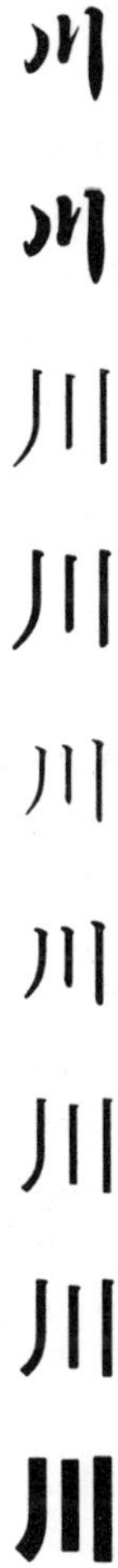

Das chinesische Schriftzeichen für Fluss, das *kawa no ji.*

Amerikanische Forscher hatten das Phänomen des Zusammenschlafens von Eltern und Kindern (damals oft bis weit in die Pubertät hinein) schon in der Nachkriegszeit beobachtet und dafür die engen Wohnverhältnisse verantwortlich gemacht. Bei genauer Untersuchung stellten sie aber fest, dass auch in sehr großen Häusern jeweils bis zu vier Personen in einem Zimmer nächtigten, aber nicht unbedingt die verheirateten Paare beieinanderblieben. Es war vielmehr selbstverständlich, dass die Kinder bei der Mutter und später bei der Großmutter schliefen. Herr Fujii, ein pensionierter Lehrer aus der Stadt Kochi, erzählte mir, dass er zwar zum Studium in einem Studentenheim in Tokyo gelebt hatte, nach seiner Rückkehr schlief er aber wieder bis zum Tag seiner Hochzeit, im Alter von 28 Jahren, gemeinsam mit seiner Großmutter im Zimmer.

Heute bekommt fast jedes Kind spätestens beim Schuleintritt ein eigenes Zimmer. Das soll in erster Linie ein ungestörtes Lernen ermöglichen. Während der Nacht lassen sich aber viele Kinder nicht vom Platz neben der Mutter vertreiben. Erst nach und nach bleiben sie auch zum Schlafen in ihrem Zimmer. Da in den frühen sechziger Jahren, als die erste Babyboom-Generation für die Aufnahmeprüfungen in die Universitäten und Oberschulen lernte, in den Häusern selbst zu wenig Platz war, wurden plötzlich kleine Fertigteil-Gartenhäuschen populär, die einen ruhigen Lernraum boten.

Japanische Kindererziehungsbücher setzen sich heute zwar mit westlichen Gewohnheiten auseinander und wissen, dass Eltern in den USA und Mittel- und Nordeuropa das Baby möglichst früh im eigenen Zimmer schlafen lassen, damit es bald selbständig wird. Sie sind aber fest davon überzeugt, dass es besser ist, wenn das Kind die ersten Jahre die Nächte bei der Mutter verbringt. So kann der Nachwuchs beruhigt schlafen. Denn wenn die Mutter danebenliegt, fürchtet das Kind sich weder vor Geistern noch vor der Dunkelheit. Die Mutter beziehungsweise die Eltern vermitteln ihm auch ein Gefühl der Zugehörigkeit. Die Redewendung «außerhalb des Moskitonetzes» (*kaya no soto*) drückt aus, dass jemand außerhalb der gemeinschaftlichen Schlafstatt ist, also nicht dazugehört und deshalb auch nicht mitbekommt, was vor sich geht. Die Eltern können ohne großen Aufwand sehen, ob die Kinder sich vielleicht abgedeckt haben oder schwitzen. Die Schlafenszeiten sind nicht streng festgelegt. Die Mutter versucht zwar, das Kind an einen regelmäßigen Rhythmus zu gewöhnen, lässt ihm aber wesentlich mehr Freiheit darüber, wann es schlafen geht, als dies in unseren Breiten üblich ist. Japanische Kinder werden auch nicht zur Strafe früh ins Bett geschickt. Sie empfinden das Schlafengehen deshalb selten als Problem, und es gibt vergleichsweise wenig Konflikte.

«Mutter und Kind mit Moskitonetz». Holzschnitt von Suzuki Harunobu (circa 1760–1770).

Der Futon als Symbol des flexiblen Schlafraumes

Ein großer Vorteil der Tatami-Zimmer und der Verwendung von Futons ist deren Flexibilität. Ein niedriger Tisch und ein paar Sitzkissen darum herum genügen, um das Zimmer bei Tag zu einem Aufenthaltsraum zu machen. Am Abend räumt die Mutter die Futons aus dem Kasten und breitet sie aus. Ein Baby oder Kleinkind kann ohne weiteres gleich neben dem Futon der Eltern liegen und muss nicht fürchten, aus dem Bett zu fallen. Kommen plötzlich Gäste, ist deren Übernachtung auch kein Problem.

Bett und Futon stehen für unterschiedliche Vorstellungen und Verwendungen von Raum. Ein Bett symbolisiert eine monofunktionale Nutzung des Zimmers. Das Schlafzimmer wird zu einem Raum, in dem Schlaf und auch Sex geschützt sind, es kann aber nicht oder kaum für andere Aktivitäten genutzt werden, wenn es auch Lösungen gibt, Betten in Tagessitzgelegenheiten zu verwandeln. Demgegenüber versinnbildlicht der Futon einen polyfunktionalen Gebrauch. Ob das Zimmer ein Schlaf- oder ein Wohnzimmer ist, entscheidet die Übereinkunft aller Beteiligten,

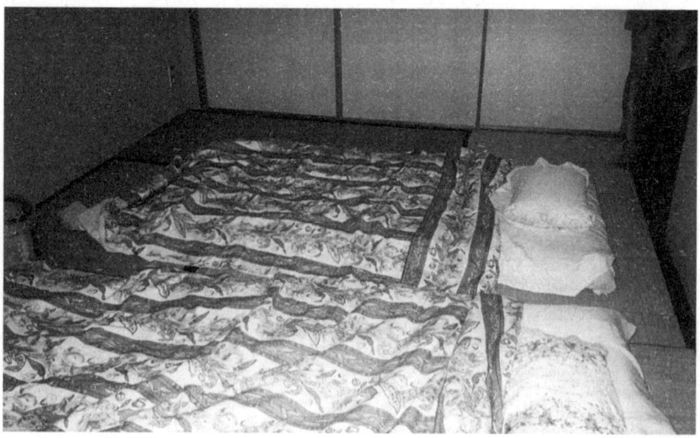

Ein japanisches Tatami-Zimmer, zur Nacht vorbereitet.

Ein Tatami-Zimmer bei Tag: «Bei Familie Tanaka nehmen alle gemeinsam das Frühstück ein» (Aus dem Leben einer Bauernfamilie; Dia-Serie der Japan Foundation für den Japanischunterricht).

zu einer gewissen Zeit dem Schlafen oder den Aktivitäten den Vorzug zu geben. Aktivitäten und Schlafen werden also nicht durch Wände getrennt.

Wenn ein und dasselbe Zimmer von mehreren Personen am Tag und in der Nacht benutzt wird, müssen Schlaf- und Wachzeiten im Haushalt aufeinander abgestimmt werden. Andererseits entwickelt sich in Gesellschaften, deren Räume polyfunktional sind, auch eine größere Akzeptanz gegenüber dem Schlafen, während andere wach sind. Ebenso ist die Toleranz gegenüber «Störungen» größer. Schon Kinder lernen zu schlafen, wenn rundherum noch Betrieb herrscht.

Es gibt eine Hierarchie der Aktivitäten. Die wichtigste ist die Berufstätigkeit der Eltern. Der Arbeitsbeginn gibt den Schlafrhythmus vor, weil die Eltern pünktlich bei Werks- oder Bürobeginn erscheinen müssen. Auch die Kinder müssen dann in die Schule gehen. Das erfordert rechtzeitiges Aufstehen, um die notwendigen

Die fünfzigjährige Frau Yūzawa aus Kanazawa arbeitete trotz ihrer vier Kinder ganztägig in einer Autowerkstatt. Während die älteren drei Kinder, die ihr Mann mit in die Ehe gebracht hatte, sich im oberen Stockwerk zwei kleine Zimmer teilten, schlief der jüngste Sohn bis zum Alter von etwa elf Jahren bei seinen Eltern im Wohnzimmer im Erdgeschoss.

«Da mein Mann und ich berufstätig waren, mussten sich die Kinder an unsere Arbeitszeiten anpassen. Ich bin als Erste aufgestanden und habe das Essen vorbereitet. Nach mir sind mein Mann und dann die Kinder aufgestanden. Da wir im selben Zimmer schliefen und aßen, mussten alle früh aufstehen. Die Futons wurden weggeräumt, und dann wurde das Essen aufgetischt. So gegen halb sieben gab es Frühstück, und um sieben Uhr mussten wir alle das Haus verlassen, um nicht zu spät zu kommen. [...] Wenn unser Jüngster am Abend müde wurde, kam er langsam zur Ruhe und schlief irgendwo ein. Wir legten ihn dann auf einen kleinen Futon und ließen ihn schlafen, während wir noch aßen oder etwas anderes erledigten. Helligkeit und Lärm machten ihm überhaupt nichts aus. Er war ja von klein auf daran gewöhnt, dass der Fernseher lief oder sonst Betrieb war, wenn er schlief. Mein Sohn war nie ein besonders nervöser Typ. Wenn er schlafen wollte, legte er sich hin und schlief.»

Vorbereitungen für den Arbeitstag treffen, sich waschen, frühstücken und das Mittagessen mitnehmen zu können. Da die ganze Familie im «Schlafzimmer» ihr Frühstück einnimmt, müssen alle aufstehen. Am Abend ist es Aufgabe von Frauen wie Frau Yūzawa (siehe Kasten), die Hausarbeit zu erledigen, während ihr Mann, der etwas später nach Hause kommt, sich nach dem Abendessen vor dem Fernseher entspannt. Wenn das Kind schlafen will, während die Eltern noch verschiedenen Tätigkeiten nachgehen, hat es keinen Anspruch auf vollkommene Ruhe und Dunkelheit oder Abgeschiedenheit vom Geschehen. Es legt sich einfach in eine Ecke. Das Schlafen, während andere noch wach sind, wird so zu einer normalen Situation. Das Kind ist daran gewöhnt, in Anwesenheit anderer, wacher Personen zu schlafen, solange es selbst nicht aktiv an der sozialen Situation teilnehmen muss. Am Abend wird auf die schlafenden Kinder jedoch insofern Rücksicht genommen, als man sie in einer Ecke des Zimmers schlafen lässt und die allgemeine Betriebsamkeit reduziert.

Schlafen in Japan gestern und heute

Wann und wie lange schlafen Japaner? Ist es wahr, dass sie kaum Zeit zum Schlafen haben und deshalb am Tag erschöpft einnicken? Wenn ja, ist das ein Kennzeichen der hektischen Gegenwartsgesellschaft, oder war es immer schon so? Haben sich die Schlafgewohnheiten im Laufe der Geschichte verändert und wie? Welche Einstellungen hatten die Menschen zum Schlafen?

Die Fragen sind nicht so einfach zu beantworten, da es immer schon große Unterschiede in den Schlafgewohnheiten Einzelner und verschiedener sozialer Gruppen gegeben hat. Die Quellen erwähnen Schlafen meist nur nebenbei und in den unterschiedlichsten Zusammenhängen. Ärzte hatten einen ganz anderen Zugang zum Thema Schlafen als konfuzianische Gelehrte oder buddhistische Priester. Handelsfamilien verfolgten ihre spezifischen Wertvorstellungen. In populärkulturellen Erzählungen und Anekdoten sowie in bildlichen Darstellungen lassen sich wiederum andere Einstellungen zum Schlafen und verschiedene Schlafenszeiten herauslesen. Drei Feststellungen können wir auf jeden Fall treffen: Erstens: Es ist ein Mythos, dass früher alle Menschen bei Einbruch der Dunkelheit schlafen gingen und «natürlicherweise» wieder früh aufstanden. Zweitens: Vor der Öffnung zum Westen im 19. Jahrhundert machte sich niemand Gedanken darüber, ob Schlafen die Leistungen steigert. Und drittens: Tagesschlaf in jeder Form hat es immer schon gegeben.

Nachtschlaf vor der Modernisierung

Um die Angaben zur Schlafenszeit bis zur Modernisierung und Öffnung Japans zum Westen in der zweiten Hälfte des 19. Jahrhunderts verstehen zu können, muss man wissen, dass in Japan über viele Jahrhunderte hinweg ein so genanntes Temporalstundensystem gegolten hat. Das heißt, im Gegensatz zum Äquinoktialstundensystem, bei dem alle Stunden gleich lang sind, war die Dauer der Stunden an den Sonnentag angepasst. Beim Aufgang des Abendsternes, circa eine halbe Stunde nach Sonnenuntergang, war die sechste Abendstunde, eine halbe Stunde vor Sonnenaufgang die sechste Morgenstunde festgelegt. Die Zeit dazwischen wurde in gleichmäßig lange Einheiten unterteilt. Zumindest im Winter war die sechste Morgenstunde ungefähr um sechs Uhr früh unserer Stundenzählung, und im Frühling und Herbst fällt die sechste Abendstunde mit sechs Uhr abends bei uns zusammen. Diese Gleichheit in der Namensbezeichnung ist aber ein Zufall. In Japan kommt die Bezeichnung der sechsten Stunde davon, dass die Zeitglocken in Tempeln und Burgen sechs Mal geschlagen wurden. Zu Mittag waren es neun Glockenschläge, nach unserer Zeitrechnung etwa zwei Stunden später acht Schläge, dann sieben, sechs, fünf und vier. Danach, also um Mitternacht, fing die Zählung wieder bei neun an.

Neben den Stundenbezeichnungen nach den Glockenschlägen, die einen Zeitpunkt kennzeichnen, wurden die Zeiteinheiten mit den zwölf chinesischen Tierkreiszeichen angegeben. Nach dem majestätischsten dieser Tierkreiszeichen bezeichnen japanische Astronomen diese Zeiteinheiten als «Drachenstunden», *shinkoku*. Im Deutschen hat sich eher der Begriff Doppelstunde eingebürgert, da diese Drachenstunden im Frühling und Herbst etwa zwei westlichen Stunden entsprechen. Aber im Sommer waren die Tagesstunden wesentlich länger als die Nachtstunden, im Winter war es umgekehrt. In Kyoto, das auf dem 35. Breitengrad liegt, beträgt der jahreszeitliche Unterschied in der Tageslänge etwa zweieinhalb Stunden, was allerdings deutlich weniger ist als im deutschen Sprachraum. Die Drachenstunde der Ratte dauert zur Tages- und Nachtgleiche von circa 23 Uhr bis 1 Uhr, die Stunde des Rindes oder Ochsen, welche übrigens als Geisterstunde galt, von 1 bis 3 Uhr. Darauf folgen die Stunden des Tigers (3–5 Uhr), des Hasen (5–7 Uhr), der Schlange (7–9 Uhr), des Drachen (9–11 Uhr), des Pferdes (11–13 Uhr), des Schafes (13–15 Uhr), des Affen (15–17 Uhr), des Vogels oder Hahns (17–19 Uhr), des Hundes (19–21 Uhr) und des Wildschweins (21–23 Uhr).

Die Hofastronomen kannten seit dem siebten Jahrhundert verschiedene Methoden zum Errechnen und Messen der Stunden und Minuten. Sie beobachteten die Sterne und hatten aus China astronomische Tabellen übernommen. Astronomie, wenn auch auf einem

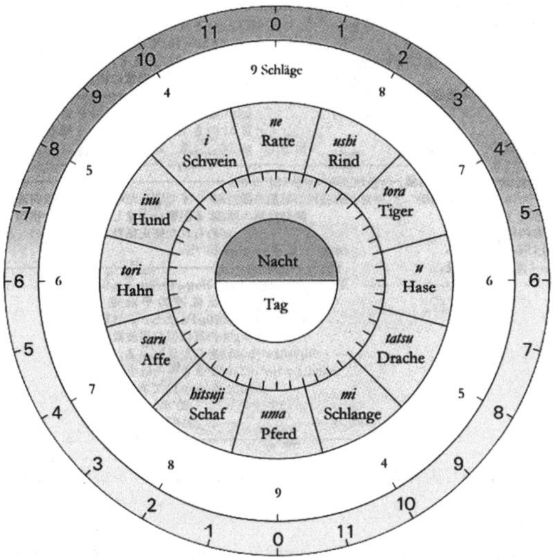

Die Drachenstunden, als Äquinoktialstunden, Stundenschläge und westliche Stundenangaben (24 Stunden).

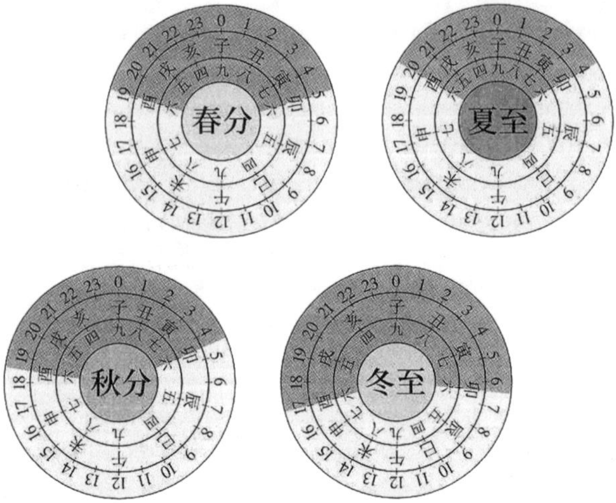

Die Drachenstunden als Temporalstunden. Ziffernblätter mechanischer Uhren mit temporaler Stundenmessung zu den vier Jahreszeiten. Erklärung: Weißer Hintergrund = Tag; grauer Hintergrund = Nacht. 春分: Frühlingsäquinoktium, 夏至: Sommersonnenwende, 秋分: Herbstäquinoktium, 冬至: Wintersonnenwende. Äußere Zahlenreihe = Uhrzeit nach dem heute international gültigen Zeitsystem. In der zweiten Reihe sind die chinesischen Tierkreiszeichen, beginnend mit der Ratte (子), in der äußersten Reihe die Anzahl der Stundenschläge.

sehr niedrigen Niveau, war auch Unterrichtsgegenstand an Schulen für die Samurai. In Tempeln wurden Räucherstäbchen abgebrannt, um die Dauer der Meditation zu messen. Auch die Kunden in den Freudenhäusern bezahlten je nach Anzahl der Räucherstäbchen, die während ihres Besuches abgebrannt waren. Sehr reiche Haushalte verfügten sogar über mechanische Uhren, die ab dem 16. Jahrhundert von den Jesuiten und portugiesischen Handelsleuten ins Land gebracht und von japanischen Schmieden an die Temporalstunden angepasst worden waren. Die technisch ausgefeiltesten dieser japanische Uhren (*wadokei*) hatten zwei Uhrwerke, eines für die Nachtstunden, eines für die Tagesstunden. Bei anderen Modellen wechselte man einfach das Ziffernblatt alle zwei Wochen aus, denn dann mussten die Uhren an die tatsächliche Stundenlänge angepasst werden. In der Realität wussten die Glöckner aber mit einer sehr simplen Methode, wann sie die sechste Stunde anzukündigen hatten: Sie betrachteten ihre Handinnenfläche. Waren die kräftigen Linien erkennbar, die schwachen aber nicht, so war – morgens wie abends – die sechste Stunde. Es hing vom Wetter und den Augen des Glöckners ab, wann er die Glocken sechsmal schlug. Dies führte dazu, dass die einzelnen Glocken der verschiedenen Tempel und Burgen oft zu sehr unterschiedlichen Zeiten erschallten. Dennoch richteten sich die Leute danach. Wer heute beim Südausgang des Bahnhofs Shinjuku links über die Brücke geht, findet dort im dicht bebauten Gebiet immer noch den Tenryūji-Tempel mit der so genannten Herausläutglocke (*oidasu no kane*). Mit dieser sollten die niedrigen Samurai der Naitō-Sippe ungefähr eine halbe Stunde vor der üblichen Zeit zum Dienst gerufen werden.

Ganz im Gegensatz zum heutigen Bild der sekundengenauen Pünktlichkeit war also Zeit in Japan bis ins späte 19. Jahrhundert eine eher flexible Angelegenheit. Es zählte der Glockenschlag, den

Die «Herausläutglocke» im Tenryūji-Tempel in Shinjuku. Japanische Glocken werden mit einem großen Holzklöppel geschlagen.

alle in der Umgebung hören konnten, nicht so sehr eine astronomisch richtig gemessene Zeit. Selbst der Schulbeginn war nur in etwa festgelegt, und der Unterricht war zu Ende, wenn die Kinder die neue Lektion gelernt hatten. Für das Essen hörten die Menschen auf das Knurren der «Magenuhr» (*haradokei*).

Das System der Temporalstunden und die ungenaue Zeitverkündung wirkten sich auch auf die Schlafenszeit aus. Nirgendwo steht geschrieben, man sollte eine bestimmte Zeitdauer lang schlafen. Es finden sich vielmehr Angaben dazu, zu welcher Stunde man schlafen gehen und wann man aufstehen sollte. Ein Verhaltenskodex der Samurai-Familie des konfuzianischen Gelehrten Muro Kyūsō* sagt um 1700, man solle jeden Morgen zur Drachenstunde des Hasen (das entspricht der Zeit um die sechste Stunde, also kurz vor Sonnenaufgang) aufstehen und jeden Abend zur Drachenstunde der Ratte (also um Mitternacht) schlafen gehen. Wenn sich die Samurai an die Anweisungen hielten, verbrachten sie je nach Jahreszeit und Interpretation sehr unterschiedlich viel Zeit in ihrem Futon. In heutige Stunden umgerechnet bedeutet diese Angabe, dass sie mindestens vier Stunden im Sommer und bis zu maximal neun Stunden im Winter schliefen, je nachdem, ob sie sich auf den Beginn, die Mitte oder das Ende der jeweiligen Stunde bezogen. Meist waren es aber wohl etwa sechs bis sieben Stunden, deutlich weniger als die später von der westlichen Medizin propagierten acht. Je nach Quelle gibt es große Unterschiede in den Angaben zur Schlafenszeit, vor allem das Aufstehen ist öfters ausdrücklich angegeben. Die Angaben reichen von «vor dem Morgengrauen» bis «nach Sonnenaufgang», wobei generell eine historische Verschiebung dieser Zeit in den Tag hinein zu beobachten ist. Die Tatsache, dass die Schlafenszeit in Verhaltenskodizes ausdrücklich

* Japanische und chinesische Namen werden im Text – wie in Ostasien üblich – in der Reihenfolge Familienname Eigenname genannt.

Der um 1500 entstandene Familienkodex *Sōunjidono nijūikkajō* (die 21 Artikel des Herrn zu Sōunji) ist eine der frühesten und detailliertesten Quellen zum Thema Schlafengehen und Aufstehen. Der Autor ist Hōjō Sōun, Begründer der Späteren Hōjō-Dynastie. Die Familie eroberte 1495 die Burg Odawara und kontrollierte bis zur Niederlage gegen Toyotomi Hideyoshi im Jahre 1590 weite Teile des Kantō-Gebiets:

– Am Morgen soll man auf jeden Fall früh aufstehen. Wenn man spät aufsteht, vernachlässigen alle bis hinunter zu den Dienstboten die Arbeit. Die öffentlichen und privaten Angelegenheiten können nicht mehr ordnungsgemäß erledigt werden. Letztendlich wird man dann vom Lehnsherrn aus dem Dienst entlassen. Man muss deshalb sehr darauf achten.

– Am Abend soll man spätestens zur fünften Stunde (nach Sonnenuntergang, je nach Jahreszeit zwischen 19:20 und 21 Uhr; Anm. B. S.) schlafen gehen. Die Nachtdiebe schleichen sich immer zur Drachenstunde der Ratte (gegen Mitternacht; Anm. B. S.) oder des Rindes (nach der Stunde der Ratte, circa 1–3 Uhr; Anm. B. S.) ein. Wenn man ohne besonderen Anlass bis in die Nacht hinein schwätzt und erst zur Stunde der Ratte oder des Rindes schlafen geht, werden die Wertgegenstände im Haus gestohlen. Es schadet auch dem Ruf. Nachts soll man ohne wichtigen Grund kein Brennholz oder Öl verbrauchen. Am Morgen soll man zur Stunde des Tigers (Morgendämmerung; Anm. B. S.) aufstehen, die Shintō-Gottheiten und Buddha verehren, die Morgentoilette verrichten; man soll der Frau, den Kindern und den Gästen die Angelegenheiten des Tages erklären und sich vor der sechsten Stunde (etwa eine halbe Stunde vor Sonnenaufgang; Anm. B. S.) zum Dienst begeben. Ein alter Spruch sagt, dass man zur Stunde der Ratte schlafen gehen und zur Stunde des Tigers aufstehen soll, aber das ist nicht jedes Menschen Sache. Im Allgemeinen ist es vorteilhaft, zur Stunde des Tigers aufzustehen. Wenn man bis zur Stunde des Drachen oder der Schlange schläft, kommt man weder mit den Arbeiten für den Herrn noch mit den eigenen Angelegenheiten zurecht. Welchen Sinn hat das Langschlafen, wenn man sein Tagewerk nicht erledigen kann?

festgehalten wurden und dass diese Zeit sich je nach Quelle oft markant unterschied, macht deutlich, dass die Leute früher auch nicht «natürlicherweise» früh zu Bett und früh aufgestanden sind.

Die chinesische Yin-Yang-Lehre erklärt zur Schlafenszeit: «Die Erde hat Tag und Nacht, der Mensch hat Wachaktivitäten und Schlafen.» Der Schlaf sollte also dem Rhythmus der Natur angepasst werden. Dies ist auch aus heutiger medizinischer Sicht sinnvoll, da das Sonnenlicht die Produktion des Hormons Melatonin und damit die Schlafdauer beeinflusst. Worüber sich die chinesischen und japanischen Ärzte allerdings ganz im Gegensatz zu ihren heutigen Kollegen keine Gedanken machten, war die Frage, wozu Schlaf gut sein sollte. Schon gar nicht brachte die traditionelle chinesisch-japanische Medizin die Schlafdauer in Verbindung mit Leistung.

Letzteres galt auch für die konfuzianischen Gelehrten und buddhistischen Mönche, die in der Schulbildung dominierend waren. Ihnen war die Überlegung fern, dass Schlafen die Leistungsfähigkeit steigert. Sie ließen eventuelle biologische Notwendigkeiten völlig außer Acht und sahen Schlafen als Trieb, vergleichbar mit dem Sexualtrieb oder dem Ess- und Trinktrieb. Triebe, so glaubten die Gelehrten, müsse man lernen unter Kontrolle zu halten. Deshalb sollte ein rechtschaffener Mann sich diesen nicht zu sehr hingeben. Vor allem sollte er lernen, sich zu überwinden, und möglichst früh aufstehen. Die Wendung «spät zu Bett und früh aufstehen» genügte für Konfuzianer, eine moralisch gefällige Lebensweise ausreichend zu charakterisieren, wobei allerdings die japanischen Quellen im Gegensatz zu den chinesischen kaum Wert auf das späte Zubettgehen legen. Ihnen war vor allem das frühe Aufstehen ein Anliegen. Nächtliches Studieren begrüßten sie aber und führten es in den Internaten der Schulen für die Samurai als asketische Übung ein. Ein Mann, der Tag und Nacht strebsam studierte, seine Triebe unter Kontrolle hatte und früh aufstand, war moralisch dafür geeignet, wichtige Ämter zu bekleiden. Für Samurai-Frauen galt Ähnliches, allerdings wurden sie nicht für Ämter in der Verwaltung ausgebildet. Sie sollten vor allen aufstehen und sich als Letzte niederlegen, damit sie die Hausarbeiten erledigen und ihren Schwiegereltern gegenüber Pietät zeigen konnten. Es sei schändlich, hieß es, nach Sonnenuntergang immer nur ans Schlafen zu denken.

Die Bauernschaft machte bis nach dem Zweiten Weltkrieg den größten Teil der Bevölkerung aus. Zur Schlafenszeit der Landbevölkerung gibt es aber kaum Quellen; sie lässt sich meist nur von den Bestimmungen über die Arbeitszeiten ableiten. Die Bauern sollten etwa vom Morgengrauen bis zum Sonnenuntergang oder sogar bis zum Einbruch der Dunkelheit auf den Feldern arbeiten. Nicht alle konnten es sich leisten, das von ihnen selbst hergestellte Pflanzenöl zur Beleuchtung zu verwenden. Im schummrigen Lichte des Mondes oder der noch glühenden Feuerstelle flochten sie Strohmatten, nähten und flickten. Ihr Schlaf-Wach-Rhythmus war also vom Sonnenlicht stärker beeinflusst als bei den oberen Schichten. Das bedeutete aber nicht, dass sie schliefen, sobald es dunkel wurde, und die gesamte Dauer der Dunkelheit als ihre Schlafenszeit angesehen werden kann.

Obwohl die Quellen in dieser Hinsicht schwer zu interpretieren sind, scheint doch klar zu sein, dass in der Vormoderne die Schlafenszeiten keineswegs wesentlich länger waren als in der Gegenwart. Die Daten deuten eher auf eine ungefähre Schlafenszeit von sechs bis sieben Stunden hin, die im Sommer auch deutlich unterschritten werden konnte, im Winter aber tendenziell länger dauerte. Außerdem genügte ein schöner Mondenschein, um die Nacht zum Tag zu machen.

Der Dichter Matsunaga Teitoku (1571–1653):

Mina hito no	Keimzelle für den
Hirune no tane ya	Mittagsschlaf aller Menschen
Aki no tsuki	ist der Mond im Herbst

Tagesschlaf in der Vormoderne

Das Gedicht deutet es schon an: Wer während der Nacht aufbleibt, wird vermutlich bei Tage schlafen. Wie verbreitet war der Tagesschlaf aber? Und wie stand die Erziehungsliteratur zum Thema? Aufgrund der blühenden Literatur vor allem der Hofdamen haben wir einen recht detaillierten Einblick in das Leben und Denken der Hofadeligen des japanischen Altertums (circa 8.–12. Jahrhundert).

Die *Erzählungen des leuchtenden Prinzen Genji* der Hofdame Murasaki Shikibu (um 1000), der älteste Entwicklungsroman der Weltliteratur, gibt jedoch ebenso wenig genaue Auskunft über die Schlafenszeiten wie das bekannte *Kopfkissenbuch* ihrer Kollegin Sei Shōnagon oder die Erzählungen, Tagebücher und Chroniken anderer Zeitgenossen. Es fällt aber auf, dass die Erzählungen meist von der Nacht handeln, während der die Damen am Hof des Tennō in formeller Kleidung und Frisur Wachdienste hielten und so die Anwesenheit des Tennō repräsentierten. Sie hatten dabei nicht viel zu tun, unterhielten sich und schrieben Gedichte. Wer keinen Dienst hatte, nahm vielleicht einen Liebhaber zu sich auf, der sich dann in der Früh zwischen dem ersten und dem zweiten Hahnenschrei auf den Heimweg machen musste. Die Adeligen glaubten, dass die *kami* (Gottheiten im Shintō) während der Nacht anwesend waren und bei Anbruch der Morgendämmerung in den Himmel aufstiegen. Weil für sie der Hahnenschrei ein Zeichen dafür war, dass die *kami* heimgekehrt seien, war der Hahnenschrei unabhängig von der tatsächlichen Uhrzeit maßgeblich für den Tagesbeginn. Die Regel, dass der Liebhaber zu diesem Zeitpunkt seine Herzensdame verlassen musste, war offenbar sehr streng, und so konnte die Dame die Qualitäten ihres Liebhabers preisen, indem sie den Hahn verfluchte, der diesen viel zu früh vom gemeinsamen Lager vertrieb; einem Mann im Morgentau zu begegnen, war gleichbedeutend damit, ihn in flagranti zu entdecken.

Aus den *Erzählungen von Ise:*

Yo mo akeba	Wenn der Tag anbricht
kitsu ni hamenade	werde ich ihn in die Zisterne werfen
kutakake no	den elenden Hahn
madaki ni nakite	der zu früh kräht
sena o yaritsuru	und meinen Liebsten vertreibt

Die offiziellen Dienstzeiten der Hofbeamten in der Verwaltung waren von Sonnenaufgang bis Mittag festgesetzt. Was die Hofadeligen am Nachmittag taten, wird in der Literatur nicht behandelt. Es ist daher nicht unwahrscheinlich, dass sie dann geschlafen haben. Allerdings finden sich keine konkreten Anhaltspunkte dafür, dass ein Nachmittagsschlaf offiziell vorgesehen war.

Während also für das Altertum keine Hinweise auf eine negative Bewertung des Schlafens am Nachmittag zu finden sind, ist die Einstellung dazu in Sprichwörtern späterer Jahrhunderte uneinheitlich. Die aus der frühen Edo-Zeit (1600–1867) stammende Weisheit «*Shokugo no issui manbyōen*» besagt zum Beispiel, dass ein Nickerchen nach dem Essen zehntausend Krankheiten kuriert. Sie betont also die positiven Auswirkungen eines Mittagsschläfchens auf die Gesundheit. Heute noch weit bekannter ist jedoch ein anderer Spruch: «*Shokugo sugu ni neru to ushi ni naru*» – Wer sich gleich nach dem Essen niederlegt, wird eine Kuh. In Sprichwortlexika wird der Spruch dahingehend interpretiert, dass es ungesund beziehungsweise unanständig ist, wenn man sich nach dem Mittagessen niederlegt, aber es ist nicht klar, woher der Spruch kommt und was er ursprünglich bedeutet hat.

Negativ sieht es jedenfalls auch der Spruch «*Hirune o sureba, don ni naru*» – Wenn man einen Mittagsschlaf hält, wird man stumpf (träge). Er drückt die häufige Erfahrung aus, dass man sich nach dem Mittagsschlaf abgespannter und inaktiver fühlt als zuvor.

Dieses Gefühl stellt sich allerdings nur ein, wenn das Nickerchen zu lange dauert.

Die unterschiedliche Beurteilung des Schlafes nach dem Mittagessen in diesen Aphorismen rührt möglicherweise weniger von unterschiedlichen geistesgeschichtlichen Strömungen her, sondern von einer Unterscheidung zwischen «*neru*» und «*issui*». *Neru* bedeutet in erster Linie «sich hinlegen» und weist nur indirekt auf das Schlafen hin. *Issui* hingegen heißt wörtlich «ein bisschen Schlaf». Eine alternative Interpretation der Sprichwörter ist daher, dass zwar eine gute Portion Schlaf nach dem Essen als gesundheitsfördernd erachtet wurde, es aber kritisiert wurde, wenn man sich richtig niederlegte wie zum Nachtschlaf. Diese Interpretation wird von bildlichen Darstellungen unterstützt, die zeigen, dass insbesondere Menschen aus den unteren sozialen Schichten ihren Mittagsschlaf auf den Knien hockend und mit der Stirn auf dem Fußboden abhielten (vgl. die Frau rechts unten in der Abbildung).

Der Nachmittagsschlaf ist in der Erziehungsliteratur kein ver-

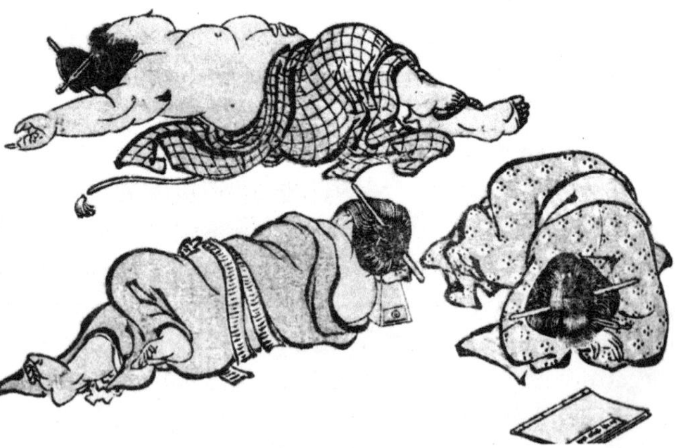

Frauen in verschiedenen Schlafhaltungen. Skizzen von Katsushika Hokusai (1760–1849).

breitetes Thema, sei es dass er zu selbstverständlich war, um problematisiert zu werden, sei es dass niemand auf die Idee kam, am Tag zu schlafen. Die wenigen Stellen über Mittagsschlaf, die ich finden konnte, sprechen für erstere Interpretation. Der Arzt Manase Gensaku (1549–1631) schreibt in seinem 1599 verfassten Werk *Kompendium zur Lebensverlängerung*:

«Am Tag zu schlafen schadet der Gesundheit. Aber wenn man einmal in der Nacht nicht schlafen kann, soll man sich mittags kurz hinlegen, damit die Lebensgeister geweckt werden.»

Gewohnheitsmäßiger Tagesschlaf galt für ihn als gesundheitsschädlich, allerdings sollte man sich bei Übermüdung durch Schlaf erfrischen. Ein ausdrückliches Verbot von Tagesschlaf konnte ich nur für Frauen finden. In der *Onna daigaku*, der *Hohen Schule der Frauen*, einem einflussreichen konfuzianisch geprägten Werk, heißt es:

«Frauen sollen ständig ohne Nachlässigkeit arbeiten und ihren Körper sorgfältig pflegen. Sie sollen am Abend spät schlafen gehen und keinen Mittagsschlaf halten sowie die Angelegenheiten im Haus mit ganzem Herzen erledigen.»

Auch diese Formulierung deutet eher auf eine tatsächlich verbreitete Praxis des Nachmittagsschläfchens hin, was insbesondere bei Frauen nicht verwundert. Sie mussten ja vor allen anderen aufstehen und sich als Letzte niederlegen.

Die zitierten Schriften richten sich an die Oberschicht. Für Bauern und Handwerker gibt es meines Wissens keine Behandlung des Themas in Erziehungsschriften. Erzählungen deuten allerdings darauf hin, dass sie gewohnheitsmäßig tagsüber eine längere Pause machten und sich dabei auch des Öfteren schlafen legten. Allerdings scheint es dafür keine festgelegten Stunden gegeben zu haben, wie ja auch die Essenszeiten eher flexibel gehandhabt wurden.

Mehr als die schriftlichen Quellen über den Nachmittagsschlaf zu Hause oder auf dem Feld fallen die Bilder und Erzählungen zum Thema *inemuri* auf. Ein Studium klassischer japanischer Belletristik zeigt, dass *inemuri* bereits im Altertum und im Mittelalter verbreitet war und nicht nur ein Phänomen der Gegenwartsgesellschaft ist. Sowohl im Alltagsleben des Adels als auch im buddhistischen Bereich – sei es hoher Klerus, seien es niedrige Mönche oder einfache Gläubige – war *inemuri* offenbar gängige Praxis. Das gilt sowohl für die Arbeit und offizielle Zeremonien als auch für die Freizeit.

In der Populärliteratur des Mittelalters wird das Einschlafen am Tag an mehreren Stellen zum Thema. Immer handelt es sich dabei um Geschichten über Missgeschicke, die dem unverhofften Schläfer passieren, oder Streiche, die ihm gespielt werden. In einer Geschichte der Anekdoten- und Legendensammlung *Shasekishū* macht sich der Autor, der Mönch Ichien (1226–1312), über den Mönch Chiunbō vom Kōfuku-Tempel in Nara lustig. Dieser schläft ständig ein und wird deshalb «der aufrechte Gläubige des Schlafes» genannt. Chiunbō stimmt im Gottesdienst in ein Lied ein, ohne zu bemerken, dass er zwischendurch eingeschlafen und der Gesang vollkommen unpassend ist. Ein andermal sengt er ein teures Kleidungsstück an, weil er es über dem Feuer zum Trocknen aufgehängt hatte und während des Wartens eingeschlafen war. Die Häufigkeit seines *inemuri* mag die Zeitgenossen wohl verwundert haben, prinzipiell war er aber nicht der einzige *inemuri*-Praktiker. Während des Absingens von Sutren und anderen Gebetstexten bei einer Zeremonie am Hof des Tenno schläft selbst der Abt. Wirklich kritisch angemerkt wird das *inemuri* in den Quellen nur, wenn jemand mitten im Gespräch einschläft und laut schnarcht oder dadurch eine wichtige Information überhört.

Es gibt mehrere Hinweise darauf, dass im Mittelalter auch die

Nachtwachen im Dienst dösten. Der unbekannte Illustrator des *Ishiyama-dera engi emaki*, einer Bilderrolle aus dem frühen 14. Jahrhundert, schenkt diesem Umstand besonderes Augenmerk. Die Bilderrolle illustriert das *Kagerō nikki*, das im späten 10. Jahrhundert entstandene Tagebuch einer Frau, die als Mutter des Fujiwara no Mitsutsuna bekannt ist. Die Rolle beinhaltet mehrere Bilder von Schlafenden außerhalb einer Schlafstatt. Auch andere Bilderrollen aus der Kamakura-Zeit zeigen schlafende Wachen, etwa das von Takashina Takakane illustrierte zwanzigbändige *Kasuga gongen genki* aus dem Jahr Enkei 2 (1309). Es handelt sich dabei um eine Sammlung von Geschichten über die 56 Wundertaten des Kasuga Myōjin, der Gottheit des Kasuga-Schreins in Nara, des traditionellen Ahnenschreins der Fujiwara (vgl. Abbildung unten).

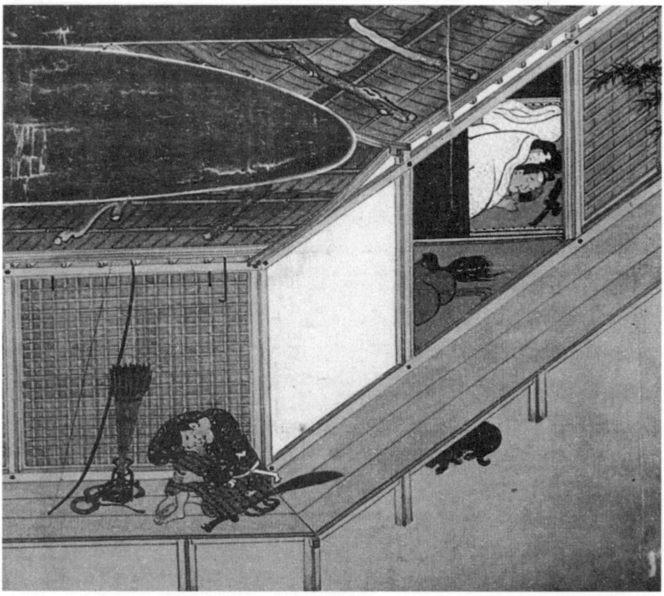

Fujiwara no Yoshikane und seine Frau schlafen gemeinsam in einem Zimmer, während im Nebenraum eine Bedienstete ruht und die Wache auf der Veranda ebenfalls eingeschlafen ist.

Die Funktion der Wachen bestand anscheinend in ihrer Anwesenheit und der Bereitschaft, im Notfall die Herrschaften zu beschützen. Dabei zu schlafen dürfte keine Ausnahme, sondern vielmehr die Regel gewesen sein, da sie auch bei Tage ihren Dienst versehen mussten. Auffallend ist, dass diese Wachen immer sitzend an eine Säule oder ihre Waffe gelehnt schlafen, eine Schlafhaltung, die sich auch die Samurai späterer Jahrhunderte angewöhnten, wenn sie Bereitschafts- oder Wachdienst versahen. Dies sollte offenbar verhindern, dass sie in Tiefschlaf verfielen, ohne dass sie ganz auf das Schlafen verzichten mussten. Die Kunstfertigkeit, selbst im Schlaf noch wachsam zu sein, wurde dem populären Image zufolge nur den Samurai zugetraut, andere Bevölkerungsschichten fallen in Tiefschlaf und sind deshalb im gegebenen Fall dem Feind ausgeliefert. Das bekannteste Beispiel für diese Samuraitugend ist wohl die aus Holz geschnitzte schlafende Katze am Tōshōgu-Schrein in Nikkō (vgl. Abbildung), die als das Symbol von Tokugawa Ieyasu, dem Begründer des Tokugawa-Shōgunats gilt, der auch im Schlaf noch über alles wacht und oft nur so tut, als ob er schläft. Es liegt der Schluss nahe, dass diese Form des *inemuri* eine Möglichkeit des Umgangs mit einem Mangel an öffentlicher Sicherheit war.

Die schlafende Katze mit den gespitzten Ohren als Symbol für den stets wachsamen ersten Tokugawa-Shogun Ieyasu.

Inemuri erlaubte das Ausruhen, ohne die Aufmerksamkeit gegenüber der Umwelt ganz zu verlieren.

Während in der Belletristik und in bildlichen Darstellungen immer wieder Anekdotisches rund um *inemuri* beschrieben wird, schweigt sich die Erziehungsliteratur zum Thema weitgehend aus, was darauf schließen lässt, wie selbstverständlich *inemuri* offenbar war. Tagesschlaf kam häufig vor, allerdings ist keine institutionalisierte Form des Tagesschlafes erkennbar. Er wurde offenbar individuell je nach Bedarf und Gelegenheit gehalten.

Gegen Ende der Edo-Zeit versuchten aber manche Kaufleute das *inemuri* ihrer Mitarbeiter einzuschränken. Der Familienkodex des Hauses Mizuguchiya in Nagoya argumentiert, dass die Kundschaft mit Höflichkeit und Zuvorkommenheit bedient werden muss. «Ihr müsst euch gegenseitig helfen, aufmerksam zu sein», mahnt der Kodex, und «wenn einer von euch einschläft, […] soll ihn der, der in seiner Nähe steht, aufwecken.» Es war nicht das zeitweilige Einschlafen an sich, das der Arbeitgeber für tadelnswert hielt. Das schien die Arbeitsmoral nicht allzu sehr zu stören. Aber für die Geschäftsleute wurde es zunehmend wichtiger, ihre Kundschaft zuvorkommend zu behandeln, damit sie sich wohlfühlten und gerne bei ihnen einkauften. Sollte eine Kundin das Geschäft betreten, musste das Personal ihr mit Aufmerksamkeit begegnen.

Verwestlichung und Modernisierung

Beinahe 250 Jahre lang waren die japanischen Inseln bis auf wenige Kontakte durch chinesische und holländische Händler im Süden des Landes weitgehend von der Außenwelt abgeschlossen. Ein holländisches Handelsschiff pro Jahr war zugelassen; es musste jeweils über die Geschehnisse in der Welt berichten und durfte bestimmte Waren ein- und ausführen. Mit der Ankunft der «schwarzen Schiffe» der Amerikaner 1853 änderte sich das jedoch rasch. Die Japaner erkannten bald, dass es effizienter war, westliche Handels- und Kulturgüter von sich aus kontrolliert ins Land zu lassen, als sich der Gefahr von Krieg und Kolonialisierung auszusetzen. Die darauf folgenden innerjapanischen Auseinandersetzungen mündeten 1868 in der Meiji-Restauration. Damit ist gemeint, dass der Tenno, der jahrhundertelang politisch eine Nebenrolle gespielt hatte, wieder ins Zentrum der Macht rückte und von Kyoto nach Edo zog, das jetzt in Tokyo – *östliche Hauptstadt* – umbenannt wurde. Der Name des Tenno war Mutsuhito, er nahm aber, wie alle Tennos, eine Regierungsdevise an: Meiji, erleuchtete Herrschaft. Die Meiji-Zeit (1868–1912) war eine Zeit, in der die Japaner eifrig darangingen, ihr Land zu modernisieren und zu industrialisieren. Gezielt versuchten sie dabei, «westliche Technik mit östlichem Geist» zu paaren, ihr «Militär zu stärken und das Land wohlhabend» zu machen.

Eine der Neuerungen war 1873 die Einführung des gregorianischen Kalenders. Mit diesem hatten Tag und Nacht nicht mehr zwölf, sondern 24 Stunden, die nun das ganze Jahr hindurch jeweils genau 60 Minuten dauerten, man übernahm also das in Europa und Amerika geltende Äquinoktialstundensystem. Natürlich stellten sich die Menschen nicht sofort auf die neue Zeitrechnung um, aber die modernen Schulen, die Fabriken, Kasernen und Züge sowie das Radio, die nach und nach eingeführt wurden, richteten sich nach der neuen Zeit. Während in den Schulen der Edo-Zeit der Unterricht begonnen hatte, wenn die Schüler da waren, und endete, sobald sie einen neuen Abschnitt bewältigt hatten, wurden nunmehr Unterrichtsbeginn und -ende nach der Uhrzeit festgelegt und von der Schulglocke bekannt gegeben. Pünktlichkeit wurde zu einer neuen Tugend. Nicht nur die Kinder, auch die Lehrer fanden sich nicht sofort damit zurecht. Anfang des 20. Jahrhunderts besuchten aber praktisch alle Kinder zumindest eine vierjährige Grundschule, und so hatten die jüngeren Generationen flächendeckend ein Pünktlichkeitstraining absolviert und waren es gewohnt, sich nach der neuen Zeit zu richten. Die britischen Ingenieure, die ab 1872 die ersten Eisenbahnen in Japan betrieben hatten, kämpften sehr damit, die Reisenden an die Zugfahrpläne zu gewöhnen, indem sie etwa die Bahnhöfe bereits zehn Minuten vor Abfahrt des Zuges abriegelten. Nach der Abreise der Briten war die Pünktlichkeitserziehung bei der japanischen Eisenbahn nicht mehr so rigoros. Verspätungen aufgrund von falschem Verschieben der Geleise, falschen Signalen, Zuspätkommen der Bediensteten, die zunächst keine Uhr besaßen, um bis zu mehrere Stunden und nicht zuletzt durch das *inemuri* bei der Arbeit war bis in die frühen zwanziger Jahre an der Tagesordnung.

Mehr und mehr Haushalte schafften sich eine mechanische Uhr an. Wenn sie stehen blieb, schickte man die Kinder zur Post oder zum Bahnhof, um zu erkunden, wie spät es war. Der Heimweg dauerte dann freilich oft länger, wenn sie auf dem Weg ihre Spielgefährten trafen und daraufhin ihren Auftrag vergaßen. Erst in den zwanziger oder dreißiger Jahren, also fünfzig Jahre nach der Einführung, war die westliche Zeitrechnung auch tatsächlich bis in die abgelegensten Teile des Landes hin weitgehend maßgeblich, was allerdings wesentlich rascher war als vergleichbare Entwicklungen in Europa und den USA. Hilfreich für die Umstellung war vermutlich, dass es schon früher ein hohes Maß an Zeitbewusstsein gegeben hatte und zeitbezogene Tugenden wie Frühaufstehen, Fleiß und Ähnliches bekannt waren. Da die Japaner bereits daran gewöhnt waren, verschiedene Zeiten und vor allem akustische Zeitsignale zu beachten, scheint die Anpassung an die Äquinoktialzeit – trotz einiger Pannen – keine unüberwindlichen Schwierigkeiten bereitet zu haben.

Man kann sich leicht vorstellen, dass die Einführung des Äquinoktialstundensystems auch bei den Schlafenszeiten keine plötzlichen Änderungen nach sich zog. Der Großteil der Bevölkerung lebte nach wie vor von der Landwirtschaft. Es machte für die Bauern mehr Sinn, sich bei ihrer Arbeit nach der Sonne zu richten als nach der Uhr. Trotzdem waren die Änderungen durch das neue Zeitsystem enorm. In der Meiji-Zeit wurde ein neuer Begriff für Zeit geschaffen: *jikan* (wörtlich: Zeitraum). Dieser Begriff drückt im Gegensatz zum traditionellen Wort für Zeit *toki* (ursprünglich Jahreszeit) eine Dauer, einen messbaren, quantifizierbaren Zeitwert aus. Der Slogan «Zeit ist Geld» wurde rasch populär. Wie sich kleine Groschenbeträge mit der Zeit zu einer beachtlichen Summe anhäufen, so summieren sich auch die Minuten, die jemand hier und dort ausnützt, mit den Jahren zur Grundlage des Erfolges.

Diese Änderungen im Verständnis von Zeit im Alltagsleben waren Voraussetzung dafür, dass das Arbeitspensum wie auch das Schlafen und anderes mehr ab nun in Begriffen von einer bestimmten Dauer angegeben und aufgefasst werden konnten. Wie die Arbeitszeit wurde auch die Schlafenszeit zu einem quantifizierbaren Wert, über dessen erforderliche Dauer man verhandeln konnte. Im Wesentlichen waren vier Gruppen an der Diskussion um eine ideale Schlafenszeit beteiligt: Vertreter des Gesundheitswesens (Hygieniker), der Industrie und der Arbeiterbewegung sowie Erzieher, die je nach Neigung die Einstellungen der ersten drei Gruppen vertraten. Hygieniker vertraten erstmals die Idee einer idealen Schlafdauer zur Förderung der Gesundheit. In den neuen Fabriken und Betrieben wurde der Lohn nach Stunden errechnet. Das war die Grundlage nicht nur für die Industrie, sondern auch mehr und mehr für eine Arbeiterbewegung, die einen achtstündigen Arbeitstag forderte und die Losung ausgab: acht Stunden Arbeit, acht Stunden Schlafen und acht Stunden für was Sie wollen. Erzieher verfolgten unterschiedliche Einstellungen und fühlten sich der einen oder anderen Gruppe verpflichtet. Alle aber hatten ihre Erziehung hauptsächlich in konfuzianischer Ethik genossen und vertraten gerade in Bezug auf Nebensächlichkeiten wie das Schlafen weiterhin – oft unbewusst – die für die Vormoderne geltenden Einstellungen.

Die Gesundheitspolitiker

1874 veröffentlichte das zwei Jahre zuvor gegründete Erziehungsministerium die Enzyklopädie *Hyakka zensho*. Im Kapitel über die Gesundheitspflege heißt es dort:

«Es ist gesundheitsschädlich, in der Nacht aufzubleiben und bei Tage zu schlafen. Das muss daher unterlassen werden. Die Schlafenszeit ist bei Kindern länger als bei Erwachsenen, im Winter länger als im Sommer, aber als Richtwert wird die Schlafenszeit von Erwachsenen mit acht Stunden festgelegt. Demgegenüber haben jedoch viele Menschen die Gewohnheit, nur sechs Stunden zu schlafen.»

Diese kurze Stelle ist in mehrfacher Hinsicht bemerkenswert. Sie zeigt, dass das Erziehungsministerium sich bereits zwei Jahre nach seiner Gründung und fünf Jahre nach der Meiji-Restauration mit der Schlafenszeit der Bevölkerung befasst hat. Damit tat der Staat sein Interesse am Schlaf und am Ausruhen seiner Bürger und Bürgerinnen kund. Gesundheitspflege insgesamt wurde in der Meiji-Zeit erstmals zu einem staatspolitisch relevanten Thema. Denn ohne eine gesunde, leistungsstarke Bevölkerung sind Modernisierung und Industrialisierung nicht erfolgreich.

Außerdem wird die Gesundheitsschädlichkeit des Tagesschlafes betont und ausreichender Nachtschlaf gefordert. Dieses Zitat stellt meines Wissens den ältesten Versuch dar, einen achtstündigen Monophasenschlaf in Japan zu propagieren. Die ausdrückliche Betonung der Gesundheitsschädlichkeit von Tagesschlaf durch das *Hyakka zensho* ist auch ein deutlicher Hinweis darauf, dass das Schlafen untertags bis dahin eine verbreitete Gewohnheit gewesen war.

Und zudem macht die Enzyklopädie bereits im Jahr nach dem Inkrafttreten der westlichen Zeitordnung von der Möglichkeit Gebrauch, den Schlaf in Stunden konstanter Dauer auszudrücken. Dies steht im Gegensatz zur ehedem üblichen Praxis, einen idealen Zeitpunkt zum Einschlafen und Aufstehen anzugeben. Das Erziehungsministerium vertritt hier – entsprechend der in Europa herrschenden Lehrmeinung – die Ansicht, es gebe eine ideale Schlafdauer. Die angeführte Zahl von acht Stunden als optimale Schlafdauer war von den europäischen Arbeits- und Hygienewissenschaften übernommen worden, innerhalb deren diese Idee bereits etabliert, wenn auch nicht unumstritten war.

Die in den Texten zur Hygieneerziehung propagierten Haltungen zum Schlafen konnten sich nur zum Teil durchsetzen. Einerseits ist die Zahl acht in den Köpfen vieler zu einer gewissenhaft einzuhaltenden Norm geworden. Andererseits ist gleichzeitig in Ratgebern über die Reduktion der Schlafenszeit der Gegenwart immer wieder evident, dass es viele Gründe gibt, sich eventuell doch nicht an dieses Ideal zu halten.

Die Industrie

Die Vertreter der Großindustrie und Geschäftsleute achteten nicht so sehr auf den Gesundheitszustand des «Volkskörpers» als Ganzes. Sie waren vielmehr auf den eigenen wirtschaftlichen Erfolg und gesellschaftlichen Aufstieg bedacht. Der Sinn der Arbeit lag ihrer Argumentation nach im «Vorwärtskommen in der Welt», um den

Ruf des Hauses zu verbessern, der Familie zu nutzen, um zur Ehre der Heimatstadt oder der besuchten Schule beizutragen. Schon in der Edo-Zeit forderten die Verhaltenskodizes, die Zeit zu nutzen und fleißig zu arbeiten. Mit der Modernisierung wurde Zeit aber nun zu einem messbaren Gut, das einen monetären Gegenwert besitzt. Wer den Groschen nicht ehrt, ist des Talers nicht wert. So wie einzelne Cents sich mit der Zeit zu einem und dann zu vielen Euros anhäufen, so wachsen auch hier und da dem Schlaf abgetrotzte Minuten mit der Zeit zu langen Stunden und Tagen zusammen. Die Hygienewissenschaften hatten mit ihrem achtstündigen Modell bereits die Vorstellung verbreitet, dass es eine optimale Schlafensdauer gibt. Auf dieser Grundlage entwickelte die Industrie mehr und mehr auch den Wunsch, möglichst effizient zu schlafen, damit sich Hirn und Körper ausruhen können, um für neue Leistungen fit zu werden.

Yamamoto Ryūnosuke, der Leiter eines von vielen Frühaufstehvereinen in den zwanziger Jahren:

«Frühes Aufstehen schafft Zeit. Wer um eine Stunde früher aufsteht, erweitert den Tag um eine Stunde. In einem Monat ergibt das 30 Stunden; in einem Jahr 365 Stunden. Wenn man einen achtstündigen Arbeitstag annimmt, dann entstehen durch das tägliche Aufstehen um eine Stunde früher im Monat dreieinhalb Tage und auf ein Jahr zusammengerechnet etwa 45 Tage. Denn das Frühaufstehen ist eine Methode zur Lebensverlängerung. Dies bedeutet zwar zunächst noch nicht, dass auf alle Fälle das Leben erfüllter wird, doch wer viel ernten möchte, muss zunächst die Ackerfläche vergrößern. In gleicher Weise ist die Verlängerung der täglichen Arbeitszeit die erste Voraussetzung, wenn man etwas aus seinem Leben machen will. Ein Sinn im frühen Aufstehen liegt darin, die Ackerfläche eines Tages zu erweitern.»

Eine weitere Neuerung in den Vorstellungen über den Schlaf bestand darin, nach seiner Funktion zu fragen. Im vormodernen japanischen Denken bestand die Beziehung zwischen Schlafenszeit und Arbeitszeit darin, dass die Einschränkung des einen die Ausbreitung des anderen zur Folge hat. Im Westen hingegen spielte der Schlaf auch eine Rolle in den Forschungen über die Ermüdung und Effizienzsteigerung mittels Ausruhen. Schlafen regeneriert den Körper.

In Europa und den USA wurden die Forschungen über die Effizienz des Schlafens innerhalb der Arbeitswissenschaften und deren Vorläufern, den so genannten Ermüdungsforschungen, durchgeführt, die parallel zur Industrialisierung entstanden sind. Wissenschaftler verfolgten die Fragen, wie viel der Mensch bei einer Arbeit leisten kann, wie sich Arbeitsmühe und Arbeitsertrag zueinander verhalten und wie Unfälle und Fehlleistungen aufgrund von Übermüdung vermieden werden können. Der Italiener Angelo Mosso beispielsweise maß den Grad der Müdigkeit von Arbeitern mit Hilfe seines «Mosso-Ergographen». Viele andere unternahmen ähnliche Messungen, um Arbeitskräfte optimal einsetzen zu können. Pionier der so genannten Industriepsychologie war der aus Danzig stammende Hugo Münsterberg (1863–1916), der mittels zahlreicher Experimente prüfte, ob sich zum Beispiel eine Frau zur Telefonistin eignete. Dafür musste sie fähig sein, konstant ohne Übermüdung acht bis neun Stunden zu arbeiten, ihre eigene Ermüdung frühzeitig zu erkennen und Arbeitspausen geschickt zu verteilen. Er half Geschäftsleuten auch, herauszufinden, ob ein Mensch moralisch integer und ehrlich war und ob er dazu neigte, während der Arbeit einzuschlafen.

Natürlich gab es auch Kritik an diesem funktionalistischen Ansatz, aber im späten 19. Jahrhundert gewann er im Umfeld der Großindustrie zunächst in den USA und in Europa, bald aber auch in Japan immer mehr an Bedeutung.

Die Sozialreformer

Durch Diskussionen im Westen beeinflusst, beschäftigten sich vereinzelt und meist am Rande auch in Japan Sozialreformer unterschiedlicher Herkunft mit dem Zusammenhang zwischen Arbeit, Freizeit und Schlaf. Die von der ILO (International Labour Organization) forcierte Auffassung war, dass mehr Freizeitaktivitäten das kreative Potenzial der Arbeiterschaft förderten und zu einer zivilisierteren Gesellschaft führten. Die amerikanischen Pioniere der Arbeiterbewegung vor etwas über hundert Jahren definierten ein anständiges Leben mit «acht Stunden Arbeit, acht Stunden Schlaf und acht Stunden für was man möchte». «Im Alltagsleben der Menschen gibt es drei Hauptaktivitäten, Arbeiten / Produzieren, Schlafen und Vergnügen», schreibt beispielsweise der Soziologe Ōbayashi Munetsugu 1922 im Vorwort zu einer Untersuchung über die Freizeitaktivitäten der Arbeiterschaft von Osaka. «Die ideale Lebensweise ist, wenn diese drei ständig in einem Gleichgewicht gehalten werden.» Er hält eine gleich gewichtete Aufteilung des Tages in Arbeit, Freizeit und Schlafen nicht für naturgegeben, sondern sieht darin eine erstrebenswerte Lebensweise. Während in Europa die Bemühungen, dieses Ideal zu erreichen, schon weit fortgeschritten seien, konstatiert er für Japan einen grundlegenden Mangel an gesellschaftlichem Bewusstsein dafür, dass dieses Ziel anzustreben sei.

Der japanische Sozialforscher Gonda Yasunosuke kommt 1922 bei einer Untersuchung des Freizeitverhaltens japanischer Arbeiter zu dem Schluss: «Die an Geld und Muße armen Proletarier, die heute die Hauptstütze des Volkes darstellen», sind durch ihre Arbeit «an Leib und Seele ermüdet» und haben keinen größeren Wunsch, als «einmal richtig auszuschlafen».

Obwohl die Verkürzung der Schlafenszeit hier mit der Industrialisierung in Verbindung gebracht wird, gibt es aber auch einige Hinweise darauf, dass gerade in den modernen Institutionen der achtstündige Nachtschlaf am ehesten verwirklicht wurde. In den

Kasernen und Internaten wurden außer bei militärischen Übungen acht Stunden verordnete Nachtruhe strikt gehandhabt. Und auch die erste gesamtjapanische Untersuchung der Zeitverwendung der Bevölkerung 1941 des japanischen Rundfunks NHK brachte einige bemerkenswerte Ergebnisse:

Die Zeitverwendung der Bevölkerung wurde 1941 je einmal zu jeder Jahreszeit, insgesamt also viermal erhoben, wodurch jahreszeitlich bedingte Veränderungen in der Lebensweise deutlich wurden. Der in der Landwirtschaft tätige Teil der Bevölkerung ist während der Frühlings- und Sommermonate im Dauerarbeitseinsatz, wohingegen im Winter relativ wenig zu tun ist. Die Arbeiter in den Fabriken (nicht jedoch die Angestellten) folgen das ganze Jahr hindurch einem einigermaßen gleich bleibenden Arbeitsrhythmus, was auch die Schlafenszeiten beeinflusst.

Die Studie bringt noch einige weitere interessante Ergebnisse. Alle Bevölkerungsgruppen schliefen im Winter länger als im Frühling und Sommer, aber der Wechsel der Jahreszeiten wirkte sich je nach Geschlecht und Region unterschiedlich aus. Im Sommer erreichen die Männer im südlichen Japan eine durchschnittlich um 14 Minuten längere Schlafenszeit als die Frauen, im Winter und Frühling betrug der geschlechtsspezifische Unterschied in dieser Region eine halbe Stunde. Während der Unterschied in der Schlafdauer zwischen Sommer und Winter im Norden etwa eine Stunde betrug (Frauen 59 Minuten, Männer 67 Minuten), vergrößerte er sich in den Regionen um Tokyo und Osaka auf beinahe eineinhalb Stunden (Frauen 79 Minuten, Männer 90 Minuten), obwohl im Norden der Unterschied in der Tageslänge zwischen Sommer und Winter größer ist. Das bedeutet, dass noch über 70 Jahre nach Beginn der Meiji-Zeit die in den Erziehungsschriften festgehaltenen jahreszeitlichen und geschlechtsspezifischen Unterschiede in der Schlafenszeit sich im Alltag der Menschen widerspiegelten. Und, um das vorwegzunehmen, sie tun es noch heute.

Modernisierung des Tagesschlafs

Ungeachtet der Lehrmeinung, dass Nachtschlaf die natürliche Form des Schlafens sei, war der Tagesschlaf weiterhin selbst bei den Eliten des Landes verbreitet. Bekannte Intellektuelle und politische Persönlichkeiten der Meiji-Zeit bevorzugten es, mehrmals am Tag für kurze Zeit und nach einem eigenen Rhythmus zu schlafen. Auf den Militärarzt und Literaten Mori Rintarō (Mori Ōgai) soll der Spruch «*Chūya kenkō*» zurückgehen, was bedeutet, Tag und Nacht ohne Unterlass aktiv zu sein. Mori selbst war tagsüber als Militärarzt angestellt. Jeden Tag ging er am frühen Abend nach Hause, aß und legte sich bei eingeschalteter Nachttischlampe nieder, um bis gegen Mitternacht zu schlafen. Daraufhin schrieb er bis etwa zwei Uhr früh, um anschließend bis zum Morgengrauen weiterzuschlafen.

Fukuzawa Yukichi (1835–1901), einer der wichtigsten Modernisierer, stieg im Alter von 14 Jahren in die holländische Schule Tekijuku ein. Über seinen Tagesablauf während seiner Studienzeit berichtet er Folgendes:

«Wenn es zum Abendessen Wein gab, trank ich und legte mich schlafen. Gegen 10 Uhr wurde ich dann wach, setzte mich an den Schreibtisch und las die ganze Nacht hindurch. Die Geräusche, die das Reiskochen in der Küche am frühen Morgen verursachte, waren für mich das Signal zum Einschlafen.

Rechtzeitig zum Frühstück wachte ich auf und nahm ein kurzes Morgenbad im Badehaus. Dann ging ich zurück, fiel über mein Frühstück her und machte mich wieder ans Lesen. Das war beinahe ein fester Rhythmus.»

Auch das Meiji-zeitliche Erziehungsministerium war mit seiner Kritik am Tagesschlaf nicht ganz konsequent. Der Holzschnitt auf Seite 60, der Utagawa Kuniteru II. zugeschrieben wird, ist ein solches Beispiel. In diesem Bild stiehlt ein Junge vermutlich Reiskuchen vom Verkaufstisch einer schlafenden Frau, die als alt und hilflos dargestellt ist, was die Verwerflichkeit der Tat unterstreicht. Die strafende Gerechtigkeit erwartet den Jungen schon in Gestalt eines Mannes, der ihn durch die Jalousien hindurch beobachtet. Es wird also nicht die Frau kritisiert, die während ihrer Arbeit

Holzschnitt, circa 1872–1874. Utagawa Kuniteru II. zugeschrieben.

inemuri hält, sondern vielmehr derjenige, der diese Gelegenheit ausnutzt.

Weiterhin gibt es zahlreiche Hinweise auf Tagesschlaf, auch in der Öffentlichkeit. Einerseits gilt Mittagsschlaf als Möglichkeit, Gesundheit und geistige Frische zu erhalten. Andererseits gibt es aber die Vorstellung, dass ein Mittagsschlaf in Anwesenheit anderer ein Ausdruck schlechter Manieren ist. Im Beisein anderer zu schlafen schickte sich allerdings nur für die Frauen nicht; vor allem Frauen aus der Oberschicht waren von dieser Regel betroffen. Nach konfuzianischer Auffassung sollten sie ihr schlafendes Gesicht nicht zeigen. Insbesondere dürfte es eine Diskussion um das Schlafen von Hausfrauen der oberen Mittelschicht gegeben haben. Nur Frauen aus wohlhabenden Familien konnten es sich leisten, keiner landwirtschaftlichen Tätigkeit oder Lohnarbeit nachzugehen; sie hatten meist auch eine Haushaltshilfe. Trotzdem waren sie oft müde, da sie morgens meist als Erste auf und abends die Letzten im Bett waren. Obwohl nach dem Zweiten Weltkrieg Hausfrauen nicht mehr unbedingt begütert waren, wurde ihr Leben häufig mit dem Slogan «*sanshoku-hirune-zuki*» («inklusive drei Mahlzeiten und Mittagsschlaf») charakterisiert. Bis heute nehmen viele männliche Firmenangestellte diesen Spruch in den Mund, um auszudrücken, welch angenehmes Leben ihre Ehefrauen im Gegensatz zu ihnen doch führen.

Für Männer scheint das nicht gegolten zu haben, was sich aus den von Koike Tomihisa und Yoshida Kenkichi in den zwanziger Jahren durchgeführten Studien über die Körperhaltung beim Mittagsschlaf schließen lässt. Wie in den Abbildungen auf den folgenden Seiten zu sehen ist, fanden sie zahlreiche öffentliche Schläfer. Die Skizzen zeigen männliche Angehörige der städtischen Mittelschicht beim *inemuri* im Maru-Gebäude, einem der ältesten Bürogebäude Tokyos, neben dem Hauptbahnhof, und Arbeiter eines Gaswerks beim Mittagsschlaf im Freien. Die Frage, ob jemand

Körperhaltungen beim *inemuri* von Angestellten im Maru-Gebäude (Sommer 1927); Skizzen von Koike Tomihisa und Yoshida Kenkichi.

schläft, stellten sie nicht. Offenbar war dies selbstverständlich. Die Forscher waren nur an den Körperhaltungen interessiert.

Bemerkenswert ist, dass die Forscher hier den Schlaf der Angestellten als *inemuri* bezeichnen, während sie bei den Arbeitern von Mittagsschlaf sprechen. Das kann Zufall sein, wahrscheinlicher

ist allerdings, dass tatsächlich zwischen den beiden unterschieden wurde und es ein schichtspezifisches Schlafverhalten gab, worauf ja auch viele andere Quellen hindeuten. Besonders auf dem Land und bei den niederen sozialen Schichten scheint es durchaus üblich gewesen zu sein, sich nach dem Mittagessen eine Weile niederzulegen. Nach einer Untersuchung von 1960 hielten 28,3 Prozent der verheirateten Männer und 17,9 Prozent der Frauen in den Städten sowie

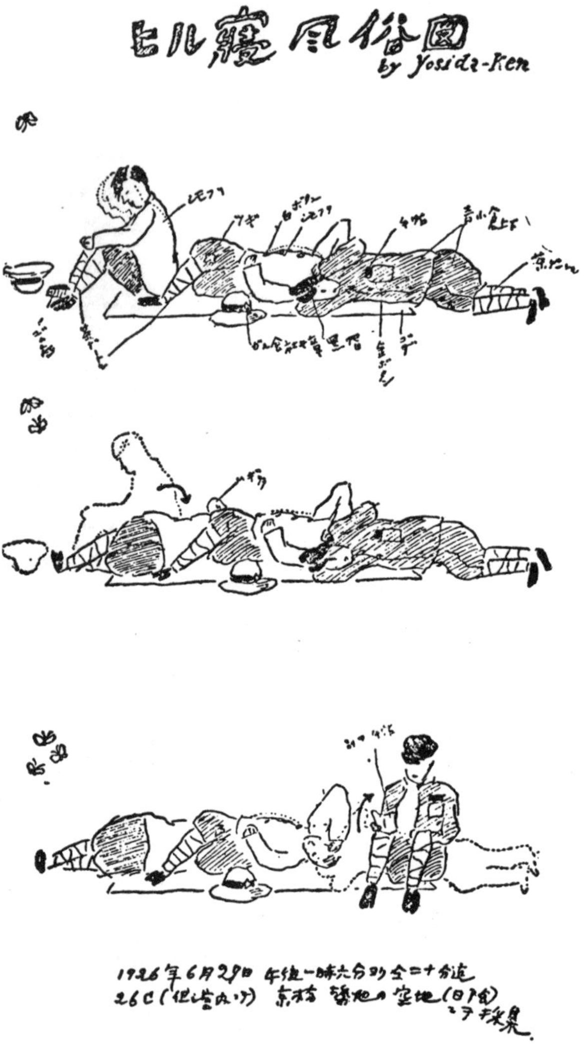

Schlafende Arbeiter eines Gaswerks am 29. Juni 1926; Skizzen von Koike Tomihisa und Yoshida Kenkichi.

44,1 Prozent der Männer und 23,6 Prozent der Frauen auf dem Land einen Mittagsschlaf. Insbesondere Einzelhandelskaufleute und Handwerker entspannten sich zu Mittag, und die Geschäfte waren geschlossen. Selbst in der Landwirtschaft fanden die Menschen Gelegenheit, nach Mittag etwas auszuruhen. Die neunzigjährige Frau Sachi aus der Präfektur Kochi erzählte: «Ob jemand einen Mittagsschlaf hielt oder nicht, war je nach Familie unterschiedlich. Aber nach dem Essen hatte man meistens etwa eine Stunde, um sich auszuruhen oder zu vergnügen.»

Die Unterscheidung ist auch heute noch gültig. Während Handwerker und Bauarbeiter sich in der Mittagspause öfter richtig hinlegen und ihr Schlafen auch als solches kennzeichnen, indem sie beispielsweise die Schuhe ausziehen, ist das *inemuri* die erste Wahl bei Angestellten in Büros.

Der Japanreisende Alexander von Thayer beschreibt 1943 zwei berühmte Schauspieler, die er in der Straßenbahn beobachtet: «Sie stehen eingekeilt in der Menge, eine Hand im Ledergriff, der von der Decke herabhängt. Ihre Augen sind geschlossen. Sie sind müde und schlafen. Im Stehen …» An anderer Stelle erklärt er, dass die Kinder bereits von klein auf lernen, bei Lärm zu schlafen, da sie von ihren Müttern auf dem Rücken überallhin getragen werden. «Man sieht, dass es die Nerven stählt», kommentiert er. «Wer 10 oder 20 Mal am Tage, wenn auch nur wenige Minuten schläft, schafft seiner Nervensubstanz eine ungeheure Kraftreserve.» Der Mannschaft eines Unterseebootes werde empfohlen, jede dienstfreie Minute zum Schlafen zu nutzen, und es gibt «japanische Schreibmaschinenfräuleins, die, wenn sie gerade keine Arbeit haben, einnicken, obwohl im Saale dreißig Schreibmaschinen klappern – zweitausendtypige bitte!».

Die japanische Bevölkerung hat also den «zivilisatorischen» Ambitionen, den Schlaf der Nacht und die übrigen Aktivitäten dem Tag zuzuweisen, zum Teil widerstanden. Ein Anspruch auf Ruhe während des Tages ist gesellschaftlich nicht in Form einer Siesta institutionalisiert. Die landwirtschaftliche Bevölkerung und Arbeiterschaft legt sich nach dem Essen nieder, während die Angestellten *inemuri* machen. Obwohl mit der Hygienebewegung und dem Aufbau der Großindustrie sowie den damit einhergehenden sozialen Bewegungen aus dem Westen der etwa achtstündige Monophasenschlaf in Japan propagiert wurde, sich als Ideal durchsetzen konnte und zum Teil praktiziert wurde, hatte auch die Moderne (Meiji-Zeit bis hin zum Zweiten Weltkrieg) de facto weitgehend Züge einer Nickerchen-Kultur.

Andere Länder, andere Schlafsitten

Polyphasische Schlafmuster und *inemuri* gehören also seit jeher zur japanischen Schlafkultur, und die Idee, während der Nacht etwa acht Stunden und während des Tages möglichst nicht zu schlafen, kommt aus dem Westen. Doch wie sehen die Schlafgewohnheiten im Westen tatsächlich aus? Ist die japanische Schlafkultur einzigartig? Sind japanische Schlafenszeiten im internationalen Vergleich kurz oder lang? Welche anderen Möglichkeiten gibt es für Gesellschaften, das Schlafen zu organisieren? Gibt es *inemuri* auch in anderen Kulturen, wie wird es bewertet? Welchen Einfluss haben Klima, Wirtschaftsstrukturen, Politik und Ideologien auf die Schlafmuster? Oder andersherum, was sagen die Schlafgewohnheiten über Gesellschaftsstruktur, Einstellungen zu Arbeit und Fleiß aus? Das sind genug Fragen für mehrere Generationen von Schlafforscherinnen und -forschern. Aber wir können ja einmal damit beginnen, uns ein bisschen in der Welt des Hypnos umzusehen.

Der Heilpraktiker Fujimoto Kenkō vertritt in seinem 1995 erschienenen Buch *Die Ultra-Kurz- und Tiefschlaf-Methode, die Sie verändert* die These, dass die durchschnittliche Schlafenszeit im Laufe der wirtschaftlichen Entwicklung langsam sinkt, weshalb es selbstverständlich sei, dass die Zahlen für Japan, ein «Ultra-Industrieland», ziemlich niedrig sind und der Schlaf weiterhin tendenziell kürzer wird, wie sich an Untersuchungen zur Zeitverwendung zeigt. Die Schlafenszeit habe nicht so sehr mit der menschlichen Wesensart zu tun als vielmehr mit den Umweltbedingungen. «In uralten Zeiten, als es noch keine [künstliche] Beleuchtung gab, gingen die Menschen schlafen, wenn die Sonne unterging, und standen beim Morgengrauen auf. In diesem Fall beträgt die Schlafenszeit notwendigerweise zwölf Stunden», so Fujimoto. Wie ich im vergangenen Kapitel ausführlich beschrieben habe, stimmt es zwar jedenfalls für Japan nicht, dass in uralten Zeiten die Nachtruhe mit dem Sonnenuntergang einsetzte und alle im Morgengrauen aufstanden. Fujimoto stellt aber ein sehr interessantes Thema zur Diskussion: der Zusammenhang zwischen täglicher Schlafdauer und sozioökonomischem Fortschritt eines Landes. Verkürzt sich unser Schlaf tatsächlich, je weiter wir uns wirtschaftlich entwickeln?

Die Dauer des Nachtschlafs im internationalen Vergleich

Statistiken über die Schlafenszeit finden sich in den Erhebungen zur Zeitverwendung, die von den statistischen Zentralämtern vieler Länder durchgeführt werden. In Japan und Korea übernehmen die Forschungsabteilungen des öffentlich-rechtlichen Rundfunks diese Aufgabe, da diese ihre Programme an die Lebensgewohnheiten der Menschen anpassen möchten. Die Statistikämter sind vor allem an den Arbeitszeiten und der freien Zeitverwendung interessiert. Schlafen erheben sie nur am Rande. Dennoch kommen die Forschungsteams in allen Ländern zu dem bemerkenswerten Ergebnis, dass Schlafen im Durchschnitt bei weitem den größten Teil unseres Alltags ausmacht, und zwar mehr als Erwerbsarbeit, Hausarbeit und Fahrtzeiten zum Arbeitsplatz zusammen. Trotzdem bleibt der Schlaf von den Sozialwissenschaften weitgehend unbeachtet.

Bei einem internationalen Vergleich der Zeitverwendung ergibt sich immer das Problem, dass die einzelnen Statistikbüros unterschiedliche Methoden anwenden, was dann auch die Ergebnisse beeinflusst. In Japan teilen geschulte Kräfte beispielsweise ein Formblatt an eine repräsentative Stichprobe der Bevölkerung aus und bitten die Angesprochenen, für zwei Tage alle 15 Minuten einzutragen, was sie gerade tun. Das ist einerseits recht genau, andererseits beeinflusst es auch den Tagesablauf, weil die meisten Menschen dazu tendieren, ein gutes Bild von sich abgeben zu wollen, selbst wenn die Umfrage anonym ist. Andere Institute machen die Umfragen im Nachhinein telefonisch, weil das viel billiger ist; aber natürlich können sich die meisten nicht mehr genau an alle Einzelheiten des Vortages erinnern; besonders die eher unstrukturierten Tätigkeiten fallen meist unter den Tisch. Ein anderes Problem ist die Kategorisierung der Tätigkeiten. Fällt ein Abendessen mit Kollegen unter «Arbeit» oder unter «Befriedigung physiologischer Bedürfnisse» oder doch unter «Freizeit»? In Japan schrieben die Befragten bis 1995 in eigenen Worten ihren Tagesablauf nieder, und die Forscher wiesen diese Tätigkeiten dann bestimmten Kategorien zu (Nachkodierung), seit 1995 aber müssen die Probanden aus einer vorgegebenen Kategorientabelle eintragen, was sie gerade tun (Vorkodierung). Dadurch können die Daten schneller mit dem Computer ausgewertet werden, aber manche tun sich schwer, für sich die richtige Kategorie zu finden. Die beiden 1995 in Japan parallel mit denselben Personen, aber mit verschiedenen Methoden durchgeführten Studien zeigen teils deutlich unterschiedliche Ergebnisse; die Schlafenszeit ist bei der Vorkodierungsmethode im Durchschnitt um etwa fünf Minuten kürzer.

Die IATUR, die Internationale Agentur für Forschungen zur Zeitverwendung, bemüht sich seit Jahren, die Methoden zu vereinheitlichen. Seit 2004 gibt es europäische Richtlinien, an die sich die Länder zunehmend anpassen. Das führt aber wiederum dazu, dass die Daten historisch nicht vergleichbar sind. Diese Richtlinien definieren Schlafen als «Tages- und Nachtschlaf sowie die Zeit, in der man krank im Bett liegt oder auf das Einschlafen wartet». In Japan hingegen erscheint der Tagesschlaf in einer eigenen Kategorie (Ausruhen). Sex ist in allen derartigen Studien nicht erwähnt. Es ist anzunehmen, dass die Zeit, die dafür im Bett verwendet wird, auch zum Schlaf gerechnet wird. Das zeigt, dass die folgenden Zahlen zur Schlafenszeit mit Vorsicht zu genießen sind und daher nur als ungefährer Anhaltspunkt bewertet werden können.

Japanerinnen und Japaner verbringen im Durchschnitt deutlich weniger Zeit in ihrer Schlafstatt als Menschen in Nordamerika und den angeführten Ländern Europas. Der bereits zitierte Fujimoto würde sich vermutlich bestätigt sehen. Unter der Voranname einer indirekten Proportionalität von Schlafenszeit und fortgeschrittenem Entwicklungsstand eines Landes können die Zahlen

Tabelle 1: Internationaler Vergleich von Schlafenszeiten von Erwachsenen im Tagesdurchschnitt von 1985–1990, getrennt nach Frauen und Männern in Stunden und Minuten, nach einer Zusammenstellung des japanischen Rundfunks, NHK 1995

Land	Frauen	Männer
Japan	7:20	7:47
Kanada	8:14	8:03
USA	8:23	8:07
England	8:30	8:32
Niederlande	8:03	7:42
Dänemark	8:17	8:06
Finnland	8:22	8:10
Europ.-Amer. Durchschn.	8:18	8:07

Tabelle 2: Europäischer Vergleich der Schlafenszeiten von Erwachsenen (20–74 Jahre) nach einer Zusammenstellung des Europäischen Statistischen Amtes Eurostat im April 2006

Land (Jahr der Befragung)	Frauen	Männer
Belgien (12 / 1998–2 / 2000)	8:29	8:15
Deutschland (4 / 2001–4 / 2002)	8:19	8:12
Estland (4 / 1999–3 / 2000)	8:35	8:36
Finnland (3 / 1999–3 / 2000)	8:32	8:22
Frankreich (2 / 1998–2 / 1999)	8:55	8:45
Großbritannien (6 / 2000–9 / 2001)	8:27	8:18
Italien (4 / 2002–3 / 2003)	8:19	8:17
Lettland (2-8, 10–11 / 2003)	8:44	8:35
Litauen (1–12 / 2003)	8:35	8:28
Norwegen (2 / 2000–2 / 2001)	8:10	7:57
Polen (6 / 2003–5 / 2004)	8:35	8:21
Schweden (10 / 2000–9 / 2001)	8:11	8:01
Slowenien (4 / 2000–3 / 2001)	8:24	8:17
Spanien (10 / 2002–9 / 2003)	8:32	8:36
Ungarn (9 / 1999–9 / 2000)	8:42	8:31

zeigen, dass Japan weiter entwickelt ist als alle anderen untersuchten Industrieländer. Erstaunen würde ihn bei genauer Durchsicht der Zahlen vermutlich der Umstand, dass dieser Vorsprung zu einem nicht geringen Teil auf das Konto der Frauen geht. Die niederländischen Männer schlafen sogar weniger als die Japaner.

Innerhalb Europas fällt auf, dass die Länder Ost- und Südeuropas tendenziell längere Schlafenszeiten haben als diejenigen Nordwesteuropas, wobei allerdings Frankreich als Ausnahme die längsten Schlafenszeiten aufweist und die Menschen in Italien und Slowenien dafür umso weniger Zeit im Bett verbringen. Schwierig ist die Interpretation dieser Zahlen. Nur mit methodischen Unschärfen lassen sich diese Trends wohl nicht erklären. Sind also die ehemaligen sozialistischen Länder sowie die Länder des Mittelmeerraumes in ihrer Entwicklung etwas hinten, wenn wir Fujimotos Argumentation folgen? Was ist dann mit Frankreich? Weisen die Zahlen vielleicht eher auf ein intensives Sexualleben der Franzosen hin?

Andere japanische Autoren ziehen Zahlen über Schlafenszeiten nicht näher genannter Herkunft gerne als Hinweis für den Fleiß der japanischen Bevölkerung heran. Der Zusammenhang scheint logisch. Fleiß führt zu Fortschritt und Entwicklung. Japaner unterscheiden sich in ihrer Bewertung des Langschlafens als Zeichen von Faulheit nicht wesentlich von den Menschen in Mitteleuropa und wahrscheinlich dem Großteil der Welt. Auch wenn man Schlafenszeiten in Nord- und Südeuropa vergleicht, kommt immer wieder diese Einstellung zum Tragen.

Vergleichende Untersuchungen zwischen Japan und Südkorea im Jahr 1990 (durch den NHK und KBS) zeigen, dass in beiden Ländern die Schlafenszeiten kürzer sind als in den Ländern des Westens, in Japan im Schnitt noch kürzer als in Korea. Japan gilt wirtschaftlich als weiter fortgeschritten als der Tigerstaat Korea; doch sind beide Deutschland voraus? Der geschlechtsspezifische

Unterschied ist noch deutlicher als der länderspezifische. Am Wochenende schlafen Japans Männer praktisch gleich viel wie die Koreaner, aber unter der Woche ist die Schlafenszeit der Japaner um acht Minuten kürzer. Wesentlich stärker ist der Unterschied bei den Frauen ausgeprägt. Während Koreanerinnen in etwa gleich lang schlafen wie ihre männlichen Landsleute, verbringen japanische Frauen im Durchschnitt 25 Minuten weniger Zeit im Bett als ihre männlichen Pendants. Das bedeutet, dass Koreanerinnen täglich um etwa eine halbe Stunde mehr schlafen als die Japanerinnen. Sollte Fujimotos These zutreffen, so hat Japan seinen hohen Entwicklungsstand also seinen (fleißigen) Frauen zu verdanken. Japanische Frauen reagieren auf diese Zahlen mit Entsetzen; für sie sind die Vergleichszahlen ein Hinweis darauf, dass die Koreanerinnen offenbar weniger diskriminiert sind als sie selbst.

Deuten die Ergebnisse der geschlechtsspezifischen Unterschiede schon an, dass die These von der indirekten Proportionalität von Schlafenszeit zum Fortschritt eines Landes problematisch ist, so sollten die Daten über die Schlafenszeiten in den Hauptstädten von Indonesien und den Fidschi-Inseln diese noch deutlicher ins Wanken bringen. In Jakarta schliefen im März 1992 die Männer 6 Stunden 19 Minuten, die Frauen 7 Stunden 6 Minuten; in Suwa im Herbst 1987 die Männer 7 Stunden 40 Minuten und die Frauen 7 Stunden 52 Minuten, also wesentlich kürzer als die Japaner. Zu beachten an diesen Zahlen ist auch der geschlechtsspezifische Unterschied. Während einige Autoren in Japan angesichts der statistisch kürzeren Schlafenszeiten von Frauen argumentieren, dass Frauen weniger Schlaf brauchen, würde man mit der gleichen Logik aufgrund dieser Zahlen zum gegenteiligen Schluss kommen.

Angesichts der Tatsache, dass sowohl Indonesien als auch die Fidschi-Inseln näher am Äquator sind als Japan, Japan wiederum näher als Nordeuropa, könnte man den Schluss ziehen, dass nicht der Entwicklungsstand, sondern die klimatischen Umstände den entscheidenden Einfluss auf die Schlafdauer haben. Der Zusammenhang zwischen Sonnenlicht, der Produktion des Hormons Melatonin und der Schlafdauer ist in der Medizin ja seit einiger Zeit bekannt. Die vergleichenden europäischen Zahlen sprechen wiederum dagegen, und auch geschlechtsspezifische Unterschiede sind klimatisch nicht zu erklären. Es ist also davon auszugehen, dass sich Umweltbedingungen der unterschiedlichsten Art auf die Schlafenszeiten auswirken. Klima und sozioökonomische Bedingungen sind nur zwei davon. Der Versuch, alle Einflüsse erschöpfend zu benennen, ist jedoch ebenso aussichtslos wie das Unterfangen, diese zu quantifizieren. Um die Bedeutung dieser ersten Ergebnisse verstehen zu können, bedarf es noch weiterer und genauerer Untersuchungen.

Organisationsformen des Schlafens

Die Statistiken behandeln nur den Nachtschlaf oder den länger dauernden Tagesschlaf, zum Beispiel von Schichtarbeitern. In einem Großteil Nordamerikas, West- und Nordeuropas sowie für die europäischstämmigen Australier und Neuseeländer gilt der Einphasenschlaf (Monophasenschlaf) so sehr als selbstverständlich, dass etwa der Schweizer Mediziner Alexander Borbély diesen zur physiologischen Norm erhebt. Die menschliche Entwicklung verläuft von einem Mehrphasenschlaf im Säuglingsalter über ein zweiphasisches (Kleinkinder halten einen Mittagsschlaf) zu einem einphasischen Schlafverhalten bei Erwachsenen, schreibt er in seinem Buch *Das Geheimnis des Schlafs*. Er fügt mit Hinweis auf die Siesta im Mittelmeerraum und in China einschränkend hinzu, dass «klimatische Gegebenheiten [...] zur Beibehaltung jenes biphasischen (zweiphasischen) Schlafmusters führen können, das für das Kind im Vorschulalter typisch ist». Damit sagt er, dass die Mittelmeerländer und China sozusagen in einer früheren Entwicklungsstufe stecken geblieben sind. Im Gegensatz zu Borbély erachtet der Arzt und Hirnforscher Matsubara Eita ebenso wie Fujimoto den Mehrphasenschlaf (Polyphasenschlaf) als die höchste Entwicklungsstufe. Der lange Zeit als Norm propagierte achtstündige Nachtschlaf sei den Erfordernissen der heutigen Gesellschaft nicht mehr angemessen. Bereits in der Einleitung zu seinem Buch *Die Kurzschlafmethode zum Gescheitwerden* (1993) erklärt Matsubara eine neue Sichtweise bezüglich des Schlafes, der nunmehr in 24-Stunden-Einheiten gedacht werde. «Abgesehen vom Nachtschlaf werden auch die Nickerchen während der Fahrt zur Arbeit oder während der Arbeitspause sowie Mittagsschläfchen zu einer Gesamtschlafenszeit gezählt.» Auf dieser Grundlage stellt er sein Modell eines Patchwork-Schlafes vor, also eines aus mehreren kurzen Phasen bestehenden Gesamtschlafes, und preist diesen als

Schlafmethode an, «die den Menschen von heute nichts zu wünschen übrig lässt».

Wollen wir die internationalen Schlafmuster nun empirisch vergleichen, so gilt das Problem der Statistik in noch größerem Maße als für den Nachtschlaf. Darüber gibt es keine verlässlichen Zahlen und nur sporadische Beobachtungen, umso mehr, wenn der Tagesschlaf nicht – wie etwa im Fall der Siesta – gesellschaftlich institutionalisiert ist, sondern individuell und unregelmäßig abgehalten wird. Wie soll man messen, wenn jemand im Zug einschläft? Man kann sich nur aus Einzelstudien und -beobachtungen ein Bild machen. Viele einzelne Studien über das Leben in verschiedenen Ländern sind in den Human Relations Area Files (HRAF) an der Yale-Universität katalogisiert. Die Wissenschaftler dort sammeln Studien über Ethnien aus verschiedenen Teilen der Welt, übersetzen sie und versuchen die Informationen in 500 verschiedene Kategorien aufzuschlüsseln. Darunter sind die Kategorien «Schlaf» und «Tagesablauf», die Informationen über das Schlafen bei Tag beinhalten. Da das verwendete Informationsmaterial eine enorme Variationsbreite an Entstehungszeit, Methodik, Fragestellung und Fokus sowie eine geographisch zahlenmäßig ungleiche Gewichtung der untersuchten Kulturen aufweist, sind die Daten statistisch nicht auswertbar. So sind die USA hauptsächlich durch die Indigenen (Indianer) repräsentiert, Afrika hat mit 24 Prozent einen relativ hohen Anteil an den Studien, die Länder der früheren Sowjetunion nur zwei. Für China und Norditalien, wo der Mittagsschlaf bekanntlich verbreitet ist, gibt es in der Kategorie Tagesschlaf keinen Eintrag; ebenso wenig ist Japan Gegenstand der HRAF. Die Daten zum Thema Schlafen sowie andere Studien und eigene Erkundigungen lassen aber erkennen, dass es grundsätzlich drei verschiedene Organisationsformen von Schlafenszeit gibt, aus denen ich die folgende Typologie abgeleitet habe.

Einen ersten Typus stellt die Monophasenschlaf-Kultur mit einer einzigen Schlafphase, und zwar während der Nacht, dar. In der verbreiteten Spezialform hat diese Phase eine ideale Dauer von etwa acht Stunden, eine Zahl, die allerdings zunehmend in Frage gestellt wird. Tagesschlaf wird nur gesellschaftlichen Randgruppen und bestimmten Berufsgruppen sowie Kindern und Kranken zugestanden. Der zweite Typus ist die Siesta-Kultur. Dazu gehören Gesellschaften, in denen der Zweiphasenschlaf (Biphasenschlaf) mit je einer gesellschaftlich festgesetzten Zeit für Nachtruhe und Mittags- oder Nachmittagsschlaf die überwiegende Organisationsform des Schlafens darstellt. Der dritte Typus ist die Nickerchen-Kultur, die durch den Mehrphasenschlaf (Polyphasenschlaf) mit individuell gewählten Schlafenszeiten am Tag zusätzlich zur geregelten nächtlichen Schlafenszeit gekennzeichnet ist. Das bedeutet nicht, dass jeder einzelne Mensch unbedingt mehrmals täglich schläft; sondern die Gesellschaft als Ganzes sieht vor, dass deren Mitglieder zusätzlich zum Nachtschlaf dann schlafen, wenn sich die Gelegenheit dazu ergibt und sie das Bedürfnis zum Schlafen haben. Dieser Typus kann wiederum unterteilt werden, und zwar in Gesellschaften, in denen man sich zum individuellen Schlaf zurückzieht, und solche, deren Mitglieder in der Gegenwart anderer – wacher – Personen schlafen, *inemuri*. De facto kommen diese beiden Varianten des individuellen Tagesschlafes in ein und derselben Gesellschaft oft gemeinsam vor. Sie sind jedoch theoretisch zu unterscheiden. Überhaupt ist die Realität selbstverständlich weit komplizierter als diese einfache Einteilung. In den meisten Gesellschaften gibt es oft mehrere Schlaftypen gleichzeitig. Und eine Präferenz für das ein oder andere Schlafmuster sagt noch nichts über dessen jeweilige kulturelle Bedeutung aus. Aber die Typologie hilft, unser eigenes Schlafverhalten nicht als Maßstab zu sehen.

Grundsätzlich gilt: Je expliziter die Forderung nach Vermeidung von Tagesschlaf ist, desto strenger muss der Nachtschlaf geschützt werden. In Ländern, in denen Nickerchen am Tage üblich sind, findet sich für gewöhnlich ein höheres Maß an Toleranz gegenüber Störungen des Nachtschlafes. Obwohl der Tagesschlaf auch die nachmittägliche Schläfrigkeit zu überwinden hilft, ist er in Bi- und Polyphasenschlaf-Kulturen nicht in erster Linie eine Kompensation für mangelnde Nachtruhe, wie das direkt oder indirekt in den meisten Abhandlungen über das Schlafverhalten angenommen wird. Tagesschlaf ist schlichtweg selbstverständlich. Diese drei Typen sind unterschiedliche Schlafmuster. Alle drei haben ihre eigenen Entwicklungsbedingungen und stehen gleichwertig nebeneinander.

Die Monophasenschlaf-Kulturen

In den erwähnten HRAF wird entgegen der verbreiteten Auffassung, erwachsene Menschen entwickelten natürlicherweise ein monophasisches Schlafverhalten, nur über zwei Gesellschaften berichtet, die Tagesschlaf zu vermeiden versuchen. Um 1920 war in Tibet der Glaube weit verbreitet, dass «Schlafen am Tag, besonders im Sommer, zu Fieber führe», und über die Maya in Yucatán (1941) heißt es: Das Bild des verschlafenen Dorfplatzes zwischen zehn und drei Uhr könnte den Eindruck vermitteln, dass es auch hier die spanische Siesta gibt, von der viele glauben, sie sei universelle Praxis in warmen Ländern. Aber das trifft nicht zu. «Die Männer arbeiten auf den Maisfeldern außerhalb des Ortes. Die Maya schlafen praktisch nie untertags. [...] die Frauen sind die ganze Zeit damit beschäftigt zu kochen, nähen, flicken und auf die Kinder aufzupassen.» Auch in Ruanda gilt es als Zeichen von Faulheit, tagsüber zu schlafen, ganz gleich ob auf dem Land, wo die Nachtruhe bereits gegen 20 Uhr abends beginnt, oder in den Städten, wo bis etwa 23 Uhr die Lichter brennen, obwohl sich – wie in Mitteleuropa – manche nach dem Mittagessen kurz zurückziehen und schlafen. Der Monophasenschlaf ist möglicherweise durch den Einfluss der belgischen Kolonialpolitik bedingt.

Wenn sich hierzulande aus dem Mehrphasenschlaf im Säuglingsalter mit zunehmendem Alter ein monophasisches Schlafverhalten entwickelt, so geschieht dies deswegen, weil sich die Kinder mit der Zeit an den Lebensrhythmus der Gesellschaft anpassen müssen. Heute dürfen nur Kleinkinder, Kranke, ältere Menschen sowie Vertreter von nachtaktiven Berufsgruppen untertags relativ beliebig schlafen.

Der Monophasenschlaf dürfte aber auch in Europa eine neuere Erscheinung sein. A. Roger Ekirch vertritt in seinem Buch *At Day's Close* (2005) die These, dass die Menschen in Großbritannien vor der Industrialisierung den Nachtschlaf in zwei Phasen gehalten haben. Die Pause zwischen dem ersten und dem zweiten Schlaf wurde für die Toilette, für Sex, zum Nachdenken und vieles mehr verwendet. Während des Mittelalters legten die nördlich der Alpen lebenden Benediktinermönche im Sommer zwischen ihren Gebetszeiten Vigil und Laudes einen so genannten Frühschlaf ein, um den kurzen Nachtschlaf zu kompensieren. Zudem berichten zahlreiche Anekdoten von Mönchen, die während der Messfeier eingeschlafen waren. Aus mehreren Quellen wird deutlich, dass der Tagesschlaf in der Öffentlichkeit in früheren Jahrhunderten üblich war. Es war ein langer historischer Prozess, bis der ungeregelte Tagesschlaf einigermaßen eingedämmt wurde. Im Jahr 1558 etwa nennt Giovanni della Casa in seinem *Galateo – Traktat über die guten Sitten* verschiedene Unsitten, die es zu vermeiden gelte: Man soll in Gesellschaft nicht einschlafen, sagt er; man soll nicht Briefe hervorziehen und sie lesen; man soll sich nicht in Gesellschaft die Fingernägel schneiden und reinigen. Dies lässt auf das tatsächliche Vorkommen des Schlafens in Gesellschaft schließen.

Erst im Zuge der Industrialisierung und eines damit einhergehenden Anpassungsdrucks an die industriellen Arbeitsabläufe wurde der Tagesschlaf nach und nach abgeschafft. Der von Medizinern zur biologischen Norm erklärte Monophasenschlaf scheint am geeignetsten zu sein, wenn man sich an von den Maschinen bestimmte Arbeitsstrukturen anpassen muss. Um die Maschinen optimal auszunutzen, müssen diese möglichst ohne Unterbrechung oder zumindest mit genau geregelten Pausen bedient werden. Charlie Chaplins Film «Modern Times» illustriert das hervorragend. In den größeren Städten haben die meisten Arbeitnehmer keine Möglichkeit, zum Ausruhen zwischendurch nach Hause zu gehen, und möchten darüber hinaus mittags keine Zeit verlieren, um so den Feierabend zu verlängern. Schlaf am Arbeitsplatz wird nicht geduldet. Der faule, untätige Körper wurde als Bedrohung der frühen kapitalistischen Kultur definiert. Tagesschlaf ist nicht für alle sozialen Schichten gleichermaßen tabu. Die Beamten der österreichisch-ungarischen Monarchie genossen eine etwa dreistündige Mittagspause, während der sie nach Hause gingen und sich nach dem Essen schlafen legten.

Der Einphasenschlaf ist vor allem dann notwendig, wenn das Schlafen als eine private Angelegenheit angesehen wird und es untertags keine Rückzugsmöglichkeit gibt. Die Schlafkammer ist im Verlauf des «Zivilisationsprozesses» (Norbert Elias) zu einem der intimsten und privatesten Bezirke geworden ist. Ein eigenes Schlafzimmer war und ist jedoch hauptsächlich in bürgerlichen Kreisen zu finden, wo auf dieses Ideal nicht nur am meisten Wert gelegt wird, sondern auch die finanziellen Gegebenheiten eine derartige Aufteilung ermöglichen. Es steht auch nicht allen Familienmitgliedern in gleichem Maße zu. Verheirateten und damit vollwertigen Mitgliedern der bürgerlichen Gesellschaft geziemt es jedenfalls, sich in ein Schlafzimmer zurückzuziehen, selbst wenn die Räumlichkeiten beengt sind. «Ein lediger Mensch» hingegen, so bestimmt Friedrich Torbergs Tante Jolesch kategorisch, «kann auch am Kanapee schlafen.» Bei ärmeren Familien war es lange Zeit üblich, dass alle in einem oder zwei Zimmern, manchmal auch

Siesta von Vincent van Gogh (Ausschnitt).

«Die verkehrte Welt» (1663), Gemälde von Jan Steen. Die Intention dieses Bildes ist, vor allzu großem Luxus zu warnen. Während die anderen feiern, schläft die Frau hinten links.

zwei oder mehrere Personen im selben Bett schliefen. Dies schloss nicht nur Familienmitglieder ein. So genannte Bett- oder Schlafgänger, von auswärts kommende Arbeiter, verhalfen zum Beispiel Wiener Familien noch zu Beginn des zwanzigsten Jahrhunderts zu einem Zubrot.

Selbst in Gesellschaften, in denen die Auffassung verbreitet ist, der normale Schlafrhythmus der Erwachsenen sei ein Monophasenschlaf, ziehen sich manche Menschen nach dem Mittagessen zurück, um sich auszuruhen. Während einer festgesetzten Mittagszeit muss in vielen Gegenden per Verordnung Lärm vermieden werden, damit die Ruhe der Mitmenschen nicht gestört wird. Vor allem auf dem Land sind viele Geschäfte mittags geschlossen. Darüber hinaus stehen geschätzte 25 Prozent der berufstätigen Bevölkerung in Industriestaaten in unregelmäßigen oder Schichtarbeitsverhältnissen und haben daher keine Möglichkeit, sich nachts acht Stunden lang zurückzuziehen. In Reisezügen nutzen nicht nur Betrunkene oder

Jugendliche auf Interrail-Reisen die Zeit zur Erholung, sondern auch Pendler auf dem täglichen Weg zur Arbeit.

Einer 1991 veröffentlichten Schweizer Studie zufolge sagten 24 Prozent der Befragten von sich, dass sie regelmäßig ein Nickerchen halten. Bei Teilzeitarbeit und Arbeitslosigkeit verdoppelte sich die Neigung zum Tagesschlaf. Eine Untersuchung in den USA ergab, dass 61 Prozent der Befragten sich wenigstens einmal wöchentlich untertags niederlegten. US-Amerika ist ein weites Land, dessen Bevölkerung sich aus der ganzen Welt zusammengefunden hat. Deshalb gibt es hier auch sehr unterschiedliche Einstellungen zum Tagesschlaf. Bestimmend ist aber wohl vor allem durch deren starke Repräsentanz in Politik, Wissenschaft, Wirtschaft und Medizin die Kultur der WASPs (White Anglo-Saxon Protestants). Gerade bei dieser Gruppe ist Tagesschlaf verpönt. In einer Mailing-Liste von amerikanischen Dichterinnen stellte im Mai 2005 eine Frau die Frage, ob ihre Kolleginnen bei schwieriger theoretischer Lektüre auch manchmal unverhofft vom Schlaf übermannt würden. Sie habe sich gerade den Kaffee, den sie sich zur Abwehr der Müdigkeit gemacht habe, über Buch und Sofa geleert, weil sie trotzdem eingenickt war. Offenbar traf die Frau mit dieser Frage einen Nerv. Sie erhielt zahlreiche Tipps, wie sie das Schlafen abwehren könne, und viele Poetinnen brachten ihre eigenen Einschlaferlebnisse ein. Ein Tipp war, mit der Bahn zu fahren und dort stehend das Buch zu lesen. In Japan sei das ein sicheres Schlafmittel. Niemand kam auf die Idee, ihr zu raten, einzuschlafen, den Kaffee nach dem zwanzigminütigen Nickerchen zu trinken und sich dann konzentriert der Lektüre zu widmen, obwohl die meisten Dichterinnen freischaffend zu Hause arbeiten und mittlerweile immer mehr Arbeitsmediziner, Schlafforscher und Biologen zum Schluss kommen, dass es gerade auch bei geistigen Berufen sinnvoll ist, Schlafpausen einzulegen.

Siesta-Kulturen

Siesta-Kulturen sind durch einen Biphasenschlaf gekennzeichnet. Zusätzlich zur Nachtruhe gibt es eine Siesta, also eine gesellschaftlich institutionalisierte Mittagsruhe. Das Wort Siesta kommt vom lateinischen *sexta hora*, also die sechste Stunde (gezählt vom Morgengrauen), die die Mitte des Tages bezeichnet. Es wurde dann in Spanien zu Siesta. Die frankophonen nordafrikanischen Länder kennen auch das Verb *siestier*, einen Mittagsschlaf halten, was darauf hindeutet, dass der Mittagsschlaf dort häufiger ist als in Frankreich selbst. Auch Siesta-Kulturen finden sich auf allen Kontinenten, von China bis Mexiko. In den meisten Siesta-Kulturen sind etwa zwei bis drei Stunden zwischen 11:30 und 15 Uhr für die Mittagsruhe vorgesehen. Der Targi Abdul Hamtoun erzählte mir, dass die Tuareg in der libyschen Sahara am Nachmittag etwa zwischen 15 und 17 Uhr zu Hause bleiben. Diese Rückzugsphase ist – wie die Siesta in Spanien und anderen Ländern – nicht ausschließlich dem Schlafen vorbehalten, aber jedenfalls finden keine gesellschaftlichen Aktivitäten wie Arbeiten, Besuche oder Feiern statt. In vom Äquator entfernten Gebieten ist der Mittagsschlaf im Sommer weiter verbreitet als in kühleren Jahreszeiten. Ein Mittagsschlaf ist im Sommer nicht nur aus Temperaturgründen, sondern auch aufgrund der vergleichsweise kurzen Nächte beliebt. Aus den HRAF lässt sich schließen, dass Siesta besonders bei landwirtschaftlichen Bevölkerungsgruppen häufig ist; sie ist aber jedenfalls nicht darauf beschränkt. In Japan sind es eher die Handwerker, die am Mittag eine gemeinsame Schlafpause einlegen.

Ein biphasischer Schlaftyp bringt viele Vorteile, selbst für Personen mit einem sehr engen Zeitplan. Zum einen verkürzt sich durch die Siesta der Nachtschlaf, was sowohl medizinisch als auch empirisch aufgrund von Erhebungen zur Zeitverwendung in verschiedenen europäischen Ländern nachweisbar ist. Durch die mittagszeitliche Zäsur werden aus einem Kalendertag zwei Tage. Unfälle aufgrund des frühnachmittäglichen Leistungstiefs werden vermieden. Die Produktivität steigt, Fehlentscheidungen werden weniger, und auch die Stimmung verbessert sich, was sich wirtschaftlich vor allem in Dienstleistungsbetrieben auswirkt.

Trotzdem sieht es so aus, als werde die gesellschaftlich institutionalisierte Mittagspause in vielen Ländern nach und nach abgeschafft. Mit zunehmender Globalisierung und Ausdehnung der städtischen Ballungszentren wird seit einigen Jahren selbst in Spanien, das als prototypisch für die Siesta-Kultur gelten mag, die Unantastbarkeit der Mittagsruhe in Frage gestellt. Das hat praktische und ideologische Gründe.

Am helllichten Tag zu schlafen wird in der westlichen Welt weitgehend als Zeichen von Faulheit gedeutet. Doch nur die Fleißigen, die sich ganz der Arbeit verschreiben, können es zu etwas bringen. «Industrie» (*industry*) ist vom Wort *industrious* (arbeitsam, fleißig) abgeleitet. Die implizite Aussage ist somit: Wer am Tag faul schläft, verbleibt in einer beinahe vorindustriell anmutenden Rückständigkeit.

International agierende größere Unternehmen verlangen seit langem von ihren Mitarbeitern auch in Spanien, die Mittagsruhe abzukürzen, damit sie mit ihren Partnern in anderen Ländern kommunizieren können. Wichtiger als die praktische Kommunikation sind aber auch hier die ideologischen Vorstellungen, dass jemand, der einen ausgiebigen Mittagsschlaf hält, faul ist. Zur besseren Bewältigung der sommerlichen Mittagshitze sind meist Klimaanlagen installiert. Durch die Verlegung der Industrieproduktion in Länder mit niedrigeren Lohn- und Lohnnebenkosten wurden auch die gemeinsam mit dieser Arbeitsform in Zusammenhang stehenden Arbeitshaltungen exportiert. Darüber hinaus ist es durch lange Anfahrtswege zur Arbeit in den Großstädten und die Berufstätigkeit beider Ehepartner schwierig geworden, ein warmes Mittagessen zu-

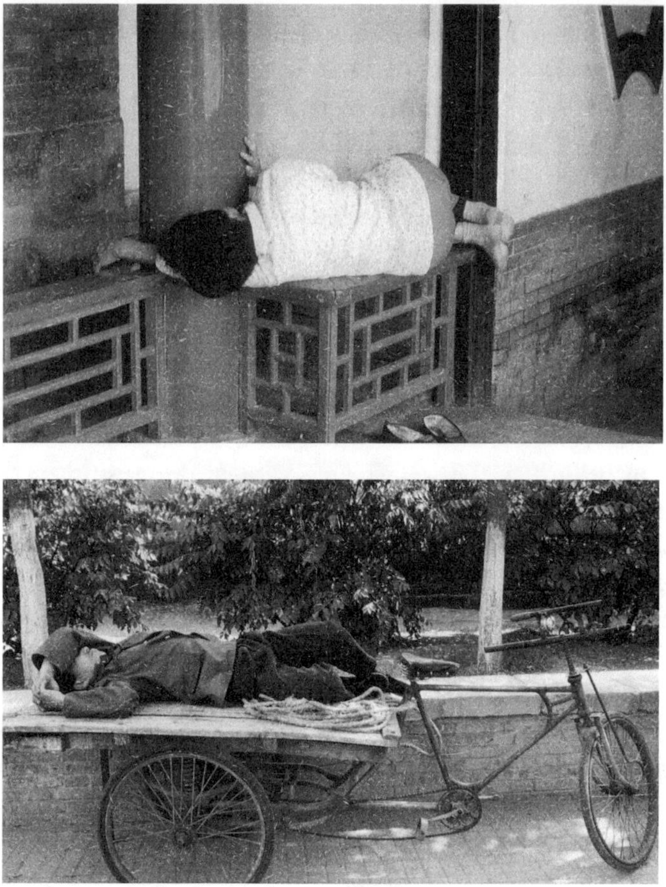

Mittagsschlaf in China.

zubereiten und sich anschließend einige Zeit zu Hause auszuruhen. Bei vier von fünf berufstätigen Spaniern war 1996 der Arbeitstag nicht mehr durch eine Siesta untergliedert. Das führte zu heftigen Diskussionen zwischen denjenigen, die eine Anpassung an internationale Gegebenheiten und damit eine Abschaffung der Siesta befürworten, und denen, die hauptsächlich mit gesundheitlichen

Argumenten für ein Beibehalten derselben eintreten. Seit 1. Januar 2006 ist die Mittagspause der Regierungsangestellten tatsächlich reduziert. Offizielle Begründung ist einerseits die Anpassung der Arbeitszeiten an den Rest der EU-Bevölkerung und eine Erhöhung der Produktivität durch die Verkürzung der Arbeitszeit, und andererseits will man dadurch erreichen, dass arbeitende Eltern am Abend nicht so lange weg von zu Hause bleiben. Die Regierung will damit ein Beispiel auch für den privaten Sektor geben; die Maßnahme ist aber sehr gemischt aufgenommen worden.

China ist ebenfalls bekannt für die Einhaltung eines institutionalisierten Mittagsschlafes. Dort hatte der Tagesschlaf lange Zeit eine politische Dimension. Der KP-Vorsitzende Mao Zedong ließ 1950 in Artikel 49 der Verfassung das Recht des arbeitenden Volkes auf Ausruhen (*xiuxi*) festhalten und institutionalisierte damit den jahrhundertealten Brauch des Mittagsschlafes, den vor allem die Literaten der Song-Zeit (960–1279) besungen hatten. Der Nachmittagsschlaf selbst heißt *wushui*, wobei *wu* die Drachenstunde des Pferdes (von 11 bis 13 Uhr) oder ganz allgemein Mittagszeit bedeutet; *shui* ist der Schlaf. Dieselben Zeichen werden auf Japanisch *gosui* gelesen. Dort taucht das Wort zwar in einigen Quellen auf, wird heute aber nicht mehr oft gebraucht. Eine dreistündige Mittagspause (11:30 bis 14:30 Uhr) wurde in allen öffentlichen Einrichtungen, aber auch in den meisten Betrieben einige Jahrzehnte hindurch eingehalten. Alle Studierenden und ein Großteil der Arbeiterschaft waren in Heimen und Werkanlagen untergebracht. Der *xiuxi* betrifft also nicht nur die landwirtschaftliche Bevölkerung; im realsozialistischen China galt eine ausgiebige Mittagsruhe bei allen Teilen der Bevölkerung als selbstverständlich. Die Maschinen wurden abgeschaltet. Regional gibt es aber Unterschiede, vor allem bei den Minderheiten. In der Inneren Mongolei gibt es Personen, die den chinesischen Brauch des Mittagsschlafes einhalten. Andere aber lehnen diesen als chinesische Tradition ab. Hier sind also politische Motive Entscheidungsgrundlage für oder gegen einen Mittagsschlaf. Das Argument, dass ein Mittagsschlaf die Leistungen erhöht und das Unfallrisiko senkt, hörte man bis vor wenigen Jahren in China nicht. Vielmehr galt es als ein Privileg der arbeitenden Klasse, sich auch am Tag ausruhen zu können, und wird allgemein mit einem Wohlgefühl und Vergnügen assoziiert.

Nach Maos Tod, im Zuge der Öffnung zum Westen hin, änderte sich die Einstellung zum Mittagsschlaf bei vielen Intellektuellen und in den Parteiveröffentlichungen rasch. Die Volkszeitung (*Renmin Ribao*) veröffentlichte die Übersetzung eines Artikels der amerikanischen Journalistin Linda Mathews in der *Los Angeles Times* vom 28. 7. 1980, in dem sie den Brauch des Mittagsschlaf als allgegenwärtige Entschuldigung für schlechte Qualität und Verspätungen beschrieb. *Xiuxi* sei symbolisch für die Einstellungen der Chinesen unter dem Kommunismus, eine Einstellung, die für die wirtschaftliche Rückständigkeit des Landes verantwortlich sei. Daraufhin entbrannte eine heftige Diskussion. Der Historiker Li Yi beschreibt diese als einen «politischen Windsack»: War die Stimmung im Land proamerikanisch, sprachen sich viele Intellektuelle für die Abschaffung des Mittagsschlafes und anderer Traditionen aus, um einen Fortschritt zu ermöglichen. 1985 wurden die Arbeitszeiten offiziell geändert und die Mittagspause auf eine Stunde verkürzt, was den Mittagsschlaf in vielen Fällen unmöglich machte. Nach der brutalen Niederschlagung der Studentenproteste am Platz des Himmlischen Friedens 1989 besannen sich die Chinesen aber wieder verstärkt auf die eigene Tradition, hinterfragten amerikanische Meinungen und hoben hervor, dass der *wushui* ein wichtiger Bestandteil chinesischen Lebens sei, ohne den dieses nicht funktionieren würde.

Unter Deng Xiaoping konzentrierte die chinesische Regierung sich ab 1992 auf das wirtschaftliche Wachstum und die Entwicklung des privaten Unternehmertums und stellte ideologische Diskussionen hintan. Die Aussicht auf Gewinn machte vor allem viele Städter zunehmend gleichgültig gegenüber dem Mittagsschlaf, während er auf dem Land weiterhin zum Alltag gehört. Heute sind die Einstellungen zum Mittagsschlaf insgesamt entpolitisiert. Viele sprechen sich mit teils fragwürdigen medizinischen Erklärungen für oder gegen den Mittagsschlaf aus, wohinter sich allerdings auch meist ideologische Einstellungen verstecken. Viele bedauern, dass sie nicht mehr viel Zeit dazu haben, der Turbokapitalismus hat um sich gegriffen. Der Mittagsschlaf wird in China nicht so sehr mit Leistungssteigerung in Verbindung gebracht als vielmehr mit einem Wohlgefühl und einer geistigen Rückzugsmöglichkeit untertags. So ist es vermutlich kein Wunder, dass seit der Eröffnung der ersten «*wushui*-Bar» in Nanjing im Jahr 2002 derartige Mittagsschlafeinrichtungen in den Städten boomen.

In Taiwan erlaubt das Gewohnheitsrecht den Mittagsschlaf. Dieses ist so stark, dass praktisch in allen Büros nach dem Mittagessen für einige Zeit das Licht gelöscht wird. Die Angestellten legen ihre Köpfe auf die Schreibtische und halten ein kurzes Nickerchen. Die Tür bleibt geöffnet, aber potenzielle Besucher wissen, dass sie jetzt nicht stören dürfen. Während des Fluges von Tokyo nach Wien am 22. September 2003 erzählte mir mein taiwanesischer Sitznachbar, dass die ganze Klasse seit der Grundschule von den Lehrern angehalten wurde, nach dem Mittagessen am Schreibtisch zu dösen, und dass dies üblich sei. Auch an den Universitäten legen zu einer bestimmten Zeit alle Studierenden ihren Kopf und Oberkörper auf den Schreibtisch und schlafen eine Runde. Geprägt vom Kapitalismus und britischer Lebensart, gibt es in Hongkong hingegen keine Zeit zum Tagesschlaf.

Mad Dogs and Englishmen (von Noël Coward und Ray Noble Orchestra, 1932)

Mad dogs and Englishmen go out in the midday sun,
The Japanese don´t care to,
the Chinese wouldn´t dare to,
Hindus and Argentines sleep firmly from twelve to one
But Englishmen detest-a siesta.
In the Philippines they have lovely screens
to protect you from the glare.
In the Malay States, there are hats like plates
which the Britishers won't wear.
At twelve noon the natives swoon
and no further work is done,
But mad dogs and Englishmen go out in the midday sun.

Nickerchen-Kulturen

Der dritte Typus von Schlaforganisationsformen, den Tagesschlaf zu beliebigen Zeiten und individuell einzunehmen (Nickerchen-Kultur), ist entgegen einer unter Japanern verbreiteten Vorstellung nicht nur in Japan üblich. Individualisierte polyphasische Schlafkulturen sind ebenso wie die Siesta-Kulturen weltweit verbreitet, wobei keine klare Bevorzugung bestimmter klimatischer Bedingungen oder Gesellschaftsformen zu beobachten ist. Auch lässt sich keine Beschränkung auf bestimmte historische Perioden feststellen. Wie bereits angedeutet, sind Nickerchen auch bei uns weit häufiger, als dies im öffentlichen Bewusstsein verankert ist.

Im Jahr 2000 befragte die amerikanische Consulting-Firma Circadian Technologies (CTI) 550 Personalverantwortliche von Unternehmen mit 24-Stunden-Betrieb über ihre Haltung zum Nickerchen am Arbeitsplatz. 15,4 Prozent gaben an, dass sie Nickerchen erlauben oder sogar aktiv fördern; 32,4 Prozent erlauben es stillschweigend, wenn es diskret gehalten wird; 20,7 Prozent verbieten es zwar, sehen aber keine Sanktionen vor, während 31,5 Prozent ertappte Schläfer sanktionieren. Die Soziologen Steve Kroll-Smith und Vern Baxter untersuchen den neuen Trend zum Power-nap. Sie führen Beispiele von Betrieben an, in denen in den letzten Jahren etwa ein «Controlled Alertness Recovery Program» (Nova Chemicals) eingeführt wurde. Eine Studie der NASA in den frühen neunziger Jahren kam zu dem Ergebnis, dass kurze «strategische Nickerchen» von Piloten deren Aufmerksamkeit anschließend beträchtlich erhöhen. Infolgedessen erlauben seither die meisten europäischen Fluggesellschaften ihren Piloten, abwechselnd kurze, kontrollierte Nickerchen zu halten, um Unfälle zu vermeiden. Der amerikanische Fluglinienverband erlaubt dies nur für Interkontinentalflüge. Auch bei Bahngesellschaften in Kanada und den Vereinigten Staaten gehört das Nickerchen mittlerweile zu den trendigen Managementmethoden. Kroll-Smith und Baxter unterscheiden zwischen Pausen-Nickerchen, die überwiegend bei körperlicher Arbeit üblich sind, und Arbeitszeit-Nickerchen, die sich eher bei geistiger Arbeit finden.

Kontrollierte Schlafmöglichkeiten am Arbeitsplatz gibt es auch im deutschen Sprachraum. Anfang 2000 hat Helmut Gels, Stadtdirektor der niedersächsischen Kleinstadt Vechta, ein Gesundheitsprogramm für die Verwaltungsbediensteten eingeführt, das auch einen etwa zwanzigminütigen Mittagsschlaf innerhalb der Arbeitszeit mit einschließt. Zwar erntete er damit viel Spott und provozierte zahlreiche Beamtenwitze, die Arbeitszufriedenheit stieg aber beträchtlich, und Beschwerden über unfreundliches Verhalten im Parteienverkehr haben seither drastisch abgenommen.

Österreichs einziger «Siesta-Berater» ist Mario Filoxenidis, der durch seine griechische Herkunft schon von klein auf mit den Vorzügen des Mittagsschlafes vertraut ist. Er berät jetzt Firmenleiter und Personalchefs, wie sie in ihren Betrieben durch Einrichtung von Ruheräumen und Planung von Auszeiten sowie vor allem durch eine Bewusstseinsänderung in Bezug auf das Schlafen bei Tag die Leistungen und das Wohlbefinden ihrer Mitarbeiter steigern sowie das Risiko von Fehlleistungen verringern können. Zu seinen Kunden gehören hauptsächlich Betriebe im Informationstechnologiebereich. Einer seiner Kunden erklärt in der ORF-Dokumentation «Rettet den Schlaf!» von Susanne Rossouw (ausgestrahlt in Österreich/Bayern Alpha am 21. Juni 2006, dem Internationalen Tag des Schlafes), dass seine Arbeit ergebnis- und terminorientiert sei, anstatt von der Stechuhr reguliert zu werden. Da er von seinen Mitarbeitern bei Bedarf Überstunden verlangt, muss er auch auf deren Bedürfnisse mehr Rücksicht nehmen und ihnen gegebenenfalls eine Ruhepause ermöglichen. Das stärkt auch das Vertrauen.

Notwendige Pausen und Schlafenszeiten zu messen, um optimale Leistungen zu erzielen und Fehler zu vermeiden, ist eine wichtige

Triebfeder für die Schlafforschung und Chronobiologie. Diese Forschungsrichtungen versuchen jetzt, die Interessen von Wirtschaft, Staat und den betroffenen Menschen möglichst unter einen Hut zu bringen. Die Menschen sollen sich wohl und ausgeruht fühlen und auch langfristig gesehen gesund bleiben, aber gleichzeitig sollen ihre Leistungen effizient gesteigert werden können.

Wenn Kroll-Smith und Baxter über ein Nickerchen am Arbeitsplatz in Nordamerika schreiben, dann verstehen sie darunter eine Form des kontrollierten, teils regulierten Schlafes, der üblicherweise in einem eigens dafür bereitgestellten Raum abgehalten wird. Ziel dieser strategischen Nickerchen ist es, durch Müdigkeit verursachte schlechte Arbeitsqualität zu vermeiden.

Dieses strategische Nickerchen als Managementmethode trägt einer geänderten Arbeitsorganisation Rechnung, die durch Globalisierung, 24-Stunden-Betriebe und technologische Änderungen bedingt ist. Dies wiederum führt dazu, dass die Industrieproduktion ihre dominante Stellung zugunsten der Informations- und anderer Dienstleistungen verloren hat. Das erfordert zunehmend Flexibilität unter den Angestellten; sollte es notwendig sein, erwarten ihre Vorgesetzten, dass sie bis spät in die Nacht und auch am Wochenende arbeiten. Die so genannten neuen Selbständigen müssen sich ohnehin hauptsächlich darum kümmern, die Aufträge termingerecht zu erledigen, unabhängig davon, ob sie zu einer bestimmten Zeit am Schreibtisch sitzen oder nicht. Also schadet es auch nicht, wenn sie zur Überwindung ihrer Schläfrigkeit eine Pause machen und einnicken. Grenzen zwischen Arbeit und Freizeit, zwischen öffentlich und privat werden zunehmend durchlässig, was vor allem bei geistiger Arbeit der Fall ist.

Strategische Nickerchen werden vermehrt auch als Mittel getestet, mit medizinischen Schlafproblemen umzugehen. Takahashi M. vom National Institute of Industrial Health in Kawasaki (2003) empfiehlt aufgrund seiner Studien, bei Schlafentzug und Schichtarbeit kurze Schlafphasen am Tag einzulegen. Narkolepsie-Kranken empfiehlt er, sich mehrmals täglich kontrolliert hinzulegen und zu schlafen, um einem krankheitsbedingten unverhofften Einschlafen vorzugreifen und gefährliche Situationen zu vermeiden. Da mit dieser strategischen Form des Nickerchens nunmehr eine Managementmethode zum Umgang mit Schläfrigkeit zur Verfügung steht, trägt der Einzelne die Verantwortung, ermüdungsbedingte Fehlleistungen zu vermeiden. Ebenso wenig wie im alkoholisierten Zustand sollen Menschen im ermüdeten Zustand zur Arbeit gehen oder mit dem Auto fahren. In Australien, Kanada und mehreren US-amerikanischen Staaten gibt es seit einigen Jahren Kampagnen, die die Autofahrer auf Überlandstraßen in großen Lettern darauf hinweisen, dass sie nicht übermüdet Auto fahren sollen.

Derartige Nickerchen sind in Australien, Nordeuropa und Nordamerika immer eine monochrone Angelegenheit; man zieht sich für eine kontrollierte Zeit zurück, um anschließend wieder voll seine Arbeitsleistung zur Verfügung stellen zu können. In Japan findet sich eine solche Art des Nickerchens gelegentlich auch, doch die verbreitetste Form des Tagesschlafes ist immer noch das *inemuri*, eine polychrone Form des Schlafens, also ein weniger klar abgegrenztes Schlafen während anderer Tätigkeiten, eine Gleichzeitigkeit von Arbeiten und Schlafen.

Eine Begebenheit, die ich am 3. August 1997 in Wien erlebt habe, zeigt deutlich, wie unterschiedlich Einstellungen zum öffentlichen Schlafen in verschiedenen Kulturen sein können und wie selbstverständlich die meisten Menschen von der Allgemeingültigkeit ihrer eigenen Lebensweise überzeugt sind. Der zwanzigjährige Gerard aus dem westafrikanischen Guinea war erst wenige Wochen in Österreich, als er eines Abends Hunger bekam und gegen 21:30 Uhr in meiner Begleitung eine mittlerweile halb leere Pizzeria aufsuchte. Wir bestellten je eine Suppe und ein Getränk. Noch ehe der Kellner die Getränke brachte, hatte Gerard den Kopf auf den Tisch gelegt und war eingeschlafen. Die Gäste am Nebentisch bemerkten das amüsiert, kümmerten sich aber nicht weiter darum. Als die Suppe nach einiger Zeit auf den Tisch kam, versuchte ich ohne Erfolg meinen Begleiter aufzuwecken. Der Kellner bot mehrmals seine Hilfe an, die ich jeweils dankend ablehnte. Beim Abservieren meines Tellers meinte er schließlich: «Mich stört es ja nicht, aber der Chef [ein Italiener] heißt so ein Verhalten nicht gut ... Ich weiß ja, dass Sie öfter unser Gast sind, aber ...» Schließlich wachte Gerard von selbst auf, löffelte seine Suppe und schickte sich an, zu gehen. Auf meine Frage, warum er geschlafen habe, antwortete er schlicht: «Ich war müde», und er schien hinzufügen zu wollen: «Warum sonst?»

Inemuri findet sich auch in Indien. Indien ist ein riesiger Subkontinent mit einer Vielfalt von Klimaverhältnissen, Wirtschaftsformen und Kulturen. Die Mehrheit lebt auf dem Land, aber mittlerweile gibt es auch 45 Millionenstädte, darunter Mumbai (Bombay) mit 15–20 Millionen Einwohnern. Das wirkt sich natürlich auch

Rikscha-Fahrer in Kalkutta warten schlafend auf Kundschaft.

auf die Schlafmuster aus, wobei die Zugehörigkeit zu einer bestimmten Kaste und die eigene finanzielle Situation die größten Auswirkungen auf das Schlafverhalten zu haben scheinen. Wie der Anthropologe Lodewijk Brunt recherchiert hat, finden sich dicht nebeneinander Menschen, die regelmäßig einen Mittagsschlaf halten, den sie Siesta nennen, und solche, die aufgrund ihrer Berufstätigkeit einen Monophasenschlaf halten. Am Wochenende schlafen sie dann aber wieder, wann sie Gelegenheit dazu haben. Viele Menschen, die auf der Straße leben, kann man jederzeit schlafend antreffen, wenn sie gerade nichts zu tun haben oder auf Kundschaft warten. Ganz allgemein besitzen Inder und Inderinnen noch mehr als die Menschen in Japan die Fähigkeit, praktisch zu jeder Tages- und Nachtzeit zu schlafen. Die Anwesenheit von anderen Menschen – auch vollkommen Fremden – scheint sie dabei nicht zu stören. Im Gegenteil: Absolute Ruhe und Abgeschiedenheit ist einer der wenigen Gründe, die tatsächlich zu Schlaflosigkeit führen können. Diese Flexibilität hat einen großen Vorteil: Jetlag kennen die wenigsten von ihnen.

Natürlich haben auch bei kleineren Bevölkerungsgruppen nicht alle den gleichen Schlafrhythmus. Der Anthropologe Gerd Spittler lebte jahrelang mit den Tuareg in der Sahara zusammen und beobachtete dabei, dass die Kamelbauern ihren Schlafrhythmus an den Weiderhythmus der Tiere anpassen. «Wenn sie als Karawane umherziehen, kann es sein, dass sie 18 Stunden am Stück gehen müssen und nur vier Stunden schlafen können.» Hinterher schlafen sie tagelang durch. Immer schlafen die Tuareg in Gruppen, legen ihre Matten entweder im Zelt oder im Freien aus und sind daran gewöhnt, auch im Schlaf auf das leiseste ungewohnte Geräusch zu achten. Das prädestiniert sie zu einem zweiten Geschäftszweig: In den Städten sind sie besonders als Nachtwächter gefragt.

Nicht jede Art von Tagesschlaf wird in jeder Gesellschaft gleich bewertet. Während in Japan Mittagsschlaf zum Beispiel bei Hausfrauen eher als Zeichen von Faulheit und ein bequemes Leben angesehen wird, *inemuri* hingegen eher toleriert ist und mitunter sogar als Beweis für Fleiß gewertet werden kann, ist das in anderen Gesellschaften eher umgekehrt. In Äthiopien, bei den Ari, tragen alle Männer ständig ein Holzschemelchen um ihre Hüften. Das verwenden sie zum Sitzen, aber auch als Kopfstütze, wenn sie müde sind, einen schattigen Platz unter einem Baum finden und sich zum Schläfchen hinlegen. (Frauen schlafen in der Öffentlichkeit nie.) Demgegenüber gibt es aber auch ein unverhofftes Einnicken, wenn alle in der Runde sitzen und sich unterhalten oder bei ähnlichen Gelegenheiten, genannt *gingin* (die Augenlider zudrücken). Alle rufen: *Gingin*! *Gingin*! Der Betreffende wird ausgelacht, geniert sich und versucht diese Schwäche zu bestreiten.

Als Kennzeichen der japanischen Teilnehmer an internationalen Konferenzen gelten die drei «S». Sie stehen für *silence, sleep* und *smile*. Für die nichtjapanischen Anwesenden ist es oft schwierig, das Verhalten zu interpretieren. Sie versuchen es mit ihrem eigenen kulturellen Bezugsrahmen. Bei einem international besetzten Arbeitstreffen der FAO in Rom am 27. November 2000 beobachtete die Vorsitzende folgende Szene: «Ich saß einer Sitzung vor, bei der auch zwei Japaner anwesend waren, die von Zeit zu Zeit einschliefen. Die französischen Sitzungsteilnehmer spekulierten, sie hätten vermutlich Verdauungsprobleme. Woraufhin die Amerikaner entgegneten: ‹Nein, Jetlag.›»

Die Ort- und Zeitachse des Schlafens

Je rigoroser der Schlaf aus dem öffentlichen Leben verbannt wird, desto größer ist das Bedürfnis nach klar definierten, geschützten Orten und Zeiten, die dem Schlaf vorbehalten sind. In den so genannten westlichen Gesellschaften sind Schlafen und Wachaktivitäten vergleichsweise klar abgegrenzt. Untertags ist es für vollwertige, ehrbare Mitglieder der Gesellschaft im Allgemeinen nicht erlaubt, zu schlafen. Wer schlafen will, zieht sich zurück. Das Festsetzen von bestimmten Orten und Zeiten für bestimmte Aktivitäten ist ein wesentliches Mittel, den Alltag zu organisieren und dadurch das Funktionieren einer Gesellschaft zu gewährleisten.

Für die Einzelnen sind geregelte Zeitstrukturen notwendig, um die tägliche Routine mit anderen Mitgliedern der Gesellschaft koordinieren zu können. Außerdem sind sie ein wichtiges Mittel der Orientierung für die Organisation und Planung des Lebens und wirken als Motivation für die Erledigung der verschiedenen Aufgaben und Angelegenheiten. Gesellschaftliche Zeitstrukturen sind jedoch nicht nur Orientierungs- und Koordinierungshilfe. Der Einzelne wird durch derartige Rhythmen reguliert und kontrolliert.

Unabhängig davon, ob Gesellschaften eine Monophasenschlaf-Kultur, Siesta-Kultur oder Nickerchen-Kultur aufweisen, gibt es keine Gesellschaft, die nicht einen bestimmten Zeitraum – überwiegend während der Nacht – dem Ausruhen vorbehält. Alle Gesellschaften entwickeln Schlafmuster, an denen sich die Mitglieder dieser Gesellschaft orientieren. Die Anpassung des Tagesrhythmus an die verschiedenen gesellschaftlichen Zeitstrukturen beginnt im frühesten Kindesalter. Es ergibt sich die Notwendigkeit, den Rhythmus des Kindes mit dem der Familie und darüber hinausgehend der Gesellschaft weitgehend in Einklang zu bringen, damit das Kind behütet werden kann, ohne dass dies den Tagesablauf zu sehr stört; ein Unterfangen, das mitunter sehr schwierig sein kann.

Frau Hideya: «Als meine jüngste Tochter zur Welt kam, hatte ich bereits zwei Kinder. Mit meinem Mann zusammen sind das dann drei Personen. Deshalb bin ich bald nach der Geburt aus dem Krankenhaus nach Hause zurückgekehrt und habe mich gleich um alles gekümmert. Da konnte ich nicht mehr so viel schlafen. Das Kind ist ja ständig bei mir und wacht immer wieder auf. Deshalb ist es ein Problem, wenn man nicht bald den Rhythmus des Kindes an sich anpasst. Wenn man selbst schläft, muss das Kind auch schlafen. Da kann man sich ja nicht darum kümmern.»

Die Trennung der verschiedenen gesellschaftlichen Aktivitäten wird nicht immer und überall gleich streng vollzogen. Der Anthropologe Edward Hall unterscheidet zwischen monochron und polychron organisierten Gesellschaften. Monochrone Zeit oder Uhr-Zeit ist die Zeitorganisation in Industriegesellschaften. Sie orientiert sich an Zeitplänen und Abläufen. Jeweils eine Tätigkeit wird zu der für sie vorgesehenen Zeit verrichtet. Dies macht Pünktlichkeit erforderlich, denn das Nichteinhalten von Verabredungen führt zu Leerläufen und unproduktiven Wartezeiten. Menschen in polychronen Gesellschaften richten sich hingegen mehr nach Beziehungen und Ereignissen. Sie erledigen mehrere Dinge gleichzeitig und unterbrechen diese jederzeit, wenn es die Situation verlangt. Es ist nicht essenziell, dass zeitliche Übereinkünfte auf die Minute genau eingehalten werden, denn es entsteht keine Lücke im Ablauf. Hausfrauen sind laut Hall auch in westlichen Gesellschaften mehr an Ereignissen und Beziehungen orientiert, obzwar in Nordeuropa und -amerika ansonsten die monochrone Zeitorganisation vorherrscht. Im mediterranen Raum, bei den Indigenen in Nordamerika sowie in Lateinamerika ist der polychrone Zeittyp tonangebend.

In vielen asiatischen Gesellschaften ist ebenfalls eine weitgehend polychrone Zeitverwendung und polyfunktionale Nutzung verschiedener Orte üblich. Lodewijk Brunt beschreibt, wie ein Politiker in Bombay gleichzeitig mehrere Telefonleitungen und Bittsteller bedient, die ihrerseits nicht immer aufmerksam sind und zwischendurch schlafen, wenn sie nicht an der Reihe sind. Auch sehr mächtige Personen mit hohem sozialem Status müssen damit rechnen, dass viele Verabredungen mit ihnen nicht eingehalten werden. Es entsteht dadurch für sie jedoch kein Zeitverlust, da der Termin nicht nur für eine einzige Person vergeben worden ist. Diese Praxis scheint sehr effektiv zu sein. Niemand muss lange auf einen Termin warten. Ein Arzt schafft es auf diese Weise, an einem Tag bis zu 400 Patienten zu behandeln. Ähnliches gilt auch für Japan, wenn auch nicht so ausgeprägt.

Obwohl das Schlafen eine Tätigkeit ist, die es physiologisch kaum erlaubt, gleichzeitig etwas anderes zu tun, wirkt sich das polychron organisierte Alltagsleben auch auf die Schlafgewohnheiten aus. Vielfach geht eine polychrone Organisation des Tagesablaufs auch mit einer polyfunktionalen Nutzung des Raumes einher. Schlaf- und Wohnzimmer sind nicht notwendigerweise getrennt. Selbst das gemeinsame Schlafen von Personen in einem Raum, die nicht in einem intimen Verhältnis zueinander stehen, ist üblich. Menschen in polychron organisierten Gesellschaften nehmen Störungen des Nachtschlafs bereitwilliger in Kauf als diejenigen in monochronen. Quasi als Ausgleich dazu ist aber der Tagesschlaf, inklusive *inemuri*, üblich und wird in höherem Maße toleriert. *Inemuri* ist also eine polychrone Version des Schlafens, während Nachtschlaf und Siesta sowie auch das *power-napping* monochron sind. Demgegenüber ist in monochron organisierten Gesellschaften der ungeregelte Tagesschlaf weitgehend eliminiert; dafür wird auf die Wahrung der Nachtruhe umso größerer Wert gelegt. Prinzipielle Störungsfreiheit während der Nacht und bedingt auch zu Mittag wird als eine Art Grundrecht angesehen. Die Hausordnungen vieler Wohnhäuser und Wohnanlagen schreiben vor, dass ab 22

Uhr alle Geräusche auf Zimmerlautstärke reduziert werden müssen. Die Bewohner sind aufgefordert, nach diesem Zeitpunkt von Reparaturarbeiten, Rasenmähen, Wäschewaschen und ähnlichen Lärm verursachenden Tätigkeiten abzusehen sowie das Fernsehen und Radio leiser zu schalten. Ebenso sind spätabendliche Anrufe nur bei guten Bekannten üblich. In den letzten Jahren werden in postindustriellen Ländern diese Regelungen wieder zunehmend in Frage gestellt, was mit der Tendenz hin zur Polyphasenschlaf-Kultur einhergeht.

Das Maß an Toleranz gegenüber Verstößen gegen solche Hausordnungen ist regional und individuell unterschiedlich. Wird es während dieser dem Schlaf vorbehaltenen Zeiten notwendig, Leistungen zu fordern, so werden diese höher entschädigt als vergleichbare Leistungen bei Tag. Solche Nachtzuschläge sind zunächst Kompensation dafür, dass die Betreffenden ihre Aktivitäten nur schwer mit Familie, Freunden und allgemeinen Öffnungszeiten in Einklang bringen können. Darüber hinaus müssen sie zu einer Zeit schlafen, zu der gesellschaftlich festgelegte Schutzbestimmungen nicht gelten. Insbesondere bei unregelmäßigen Dienstzeiten verhindert der eigene circadiane Körperrhythmus zudem einen wirklich erholsamen Schlaf.

Zwischen den beiden theoretischen Modellen der polychronen und monochronen Zeitorganisation gibt es zahlreiche Abstufungen. In jeder Kultur wird während eines gesellschaftlich vereinbarten Zeitrahmens versucht, Lärm und andere Störungen zu vermeiden. Wann dieser angesetzt ist, wie lange er dauert und wie konsequent diesbezügliche Regeln einzuhalten sind, ist jedoch unterschiedlich. In Japan wurde während der Meiji-Zeit gleichzeitig mit monochronen Arbeitsstrukturen auch das monophasische Nachtschlafmodell eingeführt, das sich aber nur im öffentlichen Bereich sowie auf ideologischer Ebene durchgesetzt hat und durch die Änderungen der Arbeitsstrukturen in unserer postindustriellen

Zeit wieder aufgeweicht wird. Die formalen Arbeitsstrukturen in Industriebetrieben und in der Verwaltung sind nach wie vor weitgehend monochron, innerhalb dieser orientieren sich die Arbeiter jedoch oft mehr an Ereignissen denn an Stundenplänen. Der Arbeitsbeginn richtet sich nach der Uhr, das Nachhausegehen jedoch mehr danach, was der (selten auch die) Vorgesetzte tut und anordnet. Beim Nachtschlaf gibt es am Morgen sehr klare Regelungen, während der Abend eher individuell gestaltet ist. *Hirune*, einen Mittagsschlaf, gibt es offiziell nicht, dafür ist aber *inemuri* unter bestimmten Umständen toleriert.

Tendenziell neigen Gesellschaften mit polychroner Zeitverwendung eher zu einer polyphasischen Schlaforganisation und Schlafen in der Öffentlichkeit, während monochron organisierte Gesellschaften mit einem Mono- oder Biphasenschlaf einhergehen. In Japan ist eine spezifische Mischform von polyfunktionaler und monofunktionaler Raumverwendung sowie von polychroner und monochroner Zeitorganisation festzustellen.

Schlafen und Freizeit

Über das Alltagsleben zeitgenössischer Japaner ist in der westlichen Öffentlichkeit vor allem eines bekannt: Sie arbeiten fleißig. Tag für Tag pferchen sich Hunderttausende in übervolle Züge, um sich bis spätnachts für ihre Firma aufzuopfern. Dieser Arbeitseifer ruft sowohl Bewunderung als auch Ablehnung hervor. In Diskussionen über Arbeit und Lebensqualität wird Japan je nach Standpunkt als Vorbild oder abschreckendes Beispiel angeführt. Japaner selbst sind der Ansicht, sie seien fleißiger als die Bewohner irgendeines anderen Landes. Sie stöhnen unter dieser Arbeitslast, sind jedoch gleichzeitig stolz auf ihr Image. Darüber hinaus sind Japaner auch bekannt für Höflichkeit, strenge soziale Hierarchien und Pflichtbewusstsein. Soziales Leben wäre aber unerträglich, böte es den Beteiligten keine Möglichkeiten, sich Regulierungen und Anforderungen zeitweise zu entziehen und sich zu erholen. Wie jede soziale Organisation weist daher auch die japanische Gesellschaft Strukturen auf, die nicht nur die ordnungsgemäße Erfüllung gesellschaftlicher Aufgaben garantieren, sondern gleichzeitig die regelmäßige Freistellung von diesen Pflichten sicherstellen. In jeder Gesellschaft gibt es deshalb Perioden des Entspannens und Ausruhens; Feste und Karneval, Feiertage und Freizeitaktivitäten. Die radikalste Form des Entzugs von sozialen Pflichten und Regeln ist das Schlafen.

Lange Arbeitszeiten und das japanische Freizeitverhalten waren besonders in den siebziger und achtziger Jahren ein wichtiges Thema im Streit um die ungleichen Wirtschaftsbeziehungen zwischen Japan auf der einen sowie den USA und Europa auf der anderen Seite. Japan, das sich rasant zu einer führenden Wirtschaftsmacht entwickelte, wurde vorgeworfen, es betreibe Sozialdumping; japanische Arbeitnehmer müssten sich für ihre Firma aufopfern, es sei ihnen aber nicht möglich, vom erarbeiteten wirtschaftlichen Reichtum zu profitieren, da sie keine Zeit dazu hätten. Gemessen an den Ausgaben für Freizeit sei Japan als armes, unterentwickeltes Land einzustufen. Naturgemäß könnten die Japaner deshalb keine westlichen Freizeit- und Konsumgüter erwerben, was zu unausgeglichenen Handelsbilanzen führe. Dem Ansatz, zeitliche und pekuniäre Aufwendungen für Freizeitaktivitäten als Indikator für den Wohlstand eines Landes heranzuziehen, liegt ein bis in die achtziger Jahre in den Wirtschaftswissenschaften vieldiskutiertes lineares Entwicklungsmodell zugrunde, wonach alle Industrieländer eine ähnliche Entwicklung vollziehen. Darauf aufbauend war man der Auffassung, dass in postindustriellen Gesellschaften, also mit zunehmender Wirtschaftsentwicklung und zunehmendem Fortschritt, die Menschen in dem betreffenden Land verhältnismäßig immer mehr Zeit und Geld in ihre Freizeitaktivitäten investieren. Die Arbeitszeiten hingegen werden kürzer. Deshalb kann man umgekehrt folgern: Je höher der zeitliche und finanzielle Aufwand für Freizeitaktivitäten, desto höher die Entwicklungsstufe eines Landes.

Wie sieht es nun mit dem Arbeitspensum von Japanern im internationalen statistischen Vergleich aus? Die Vergleichszahlen über die tägliche Arbeitszeit von männlichen und weiblichen Erwerbstätigen in verschiedenen Industrieländern bestätigen das Bild vom japanischen Arbeitseifer. Japans Männer verbrachten inklusive Überstunden in den achtziger Jahren tatsächlich um über eineinhalb Stunden mehr Zeit an ihrem Arbeitsplatz als der Durchschnitt der in der vergleichenden Auswertung berücksichtigten Nordeuropäer und -amerikaner. In allen Ländern ist der Anteil der Frauen in Teilzeitarbeitsverhältnissen sehr hoch. Sie kommen deshalb im Schnitt auf wesentlich geringere Werte für Erwerbsarbeit als Männer. Seither hat sich das Bild aber etwas verändert. Vor allem in den USA und annähernd auch in Großbritannien haben die Arbeitszeiten mittlerweile etwa das Niveau Japans erreicht, während in Kontinentaleuropa die Jahresarbeitszeit nach wie vor wesentlich kürzer ist.

Entgegen der verbreiteten Vorstellung, Japaner widmeten ihr ganzes Dasein der Firma und dem Arbeiten, ist der Freizeitbereich in den letzten Jahren zu einem der blühendsten Sektoren der japanischen Wirtschaft geworden. Mittlerweile erfreuen sich japanische Freizeitexporte wie Manga (Comics), Anime (Zeichentrickfilme), Videospiele, Tamagochi, Pokemon und Karaoke weltweit großer Beliebtheit. Die politische Förderung der Freizeit und Freizeitindustrie hat bereits vor mehreren Jahrzehnten eingesetzt.

Zuerst wurde Freizeit unter dem Schlagwort «my home» vermittelt. Die männlichen Arbeitnehmer sollten den Sonntag idealerweise im Kreise der Familie verbringen und nicht mehr nur mit ihren Arbeitskollegen. Fernsehen und anderer Medienkonsum, gemeinsames Einkaufen, Verwandtschaftspflege und Ausflüge gehörten in den frühen siebziger Jahren zu den wichtigsten Arten des aktiven Zeitvertreibs. Freie Zeit wurde aber wie schon in früheren Jahrzehnten und Jahrhunderten meistens den Aktivitäten vorbehalten, die während des anstrengenden Arbeitstages im Allgemeinen zu kurz kamen: faul sein und schlafen. *Gorone* (herumliegen und schlafen) galt in den sechziger und siebziger Jahren als eine der charakteristischsten Freizeitbeschäftigungen. Mit der Verbreitung des Fernsehens wurde in Anlehnung daran der Begriff *terene* (*tere* = television; vor dem Fernseher herumliegen und schlafen) kreiert. Die japanischen Wohnverhältnisse kommen diesem Verhalten entgegen: Die Fußböden in den traditionellen japanischen Zimmern sind mit Tatami ausgelegt. Darauf wird – in Socken – gegangen, gesessen und geschlafen. Sitzkissen sind üblich, aber nicht notwendig. Die wenigen Einrichtungsgegenstände sind flexibel verstellbar. Die vielseitige Verwendung eines Raumes und die Ausrichtung der meisten Aktivitäten auf den mit Tatami ausgelegten Boden fördern das *gorone*: Ohne sich nach der Mahlzeit die Mühe machen zu müssen, aufzustehen und ein Sofa oder Bett aufzusuchen, kann sich jeder einfach an Ort und Stelle aufs Ohr legen.

Die fünfzigjährige Frau Yūzawa erzählt, wie das bei ihr zu Hause, bei einer Arbeiterfamilie in Kanazawa, funktionierte:

«Das kommt schon mal vor, dass man den ganzen Tag mit *gorone* verbringt. Wenn man an freien Tagen nichts vorhat und nirgendwohin geht, dann bleibt man, weil man ja nicht außer Haus geht, den ganzen Tag im Hausanzug und liegt herum (*gorogoro*). [...] Futon wird keiner ausgebreitet. Denn das wird alles verräumt. Vor allem bei uns zu Hause, denn das Schlafzimmer war ja nicht getrennt, also das Zimmer war ja nicht nur zum Schlafen da. Deshalb legt man sich einfach aufs Ohr. Man nimmt sich ein Polster, und wenn es kalt ist, deckt man sich mit einer Decke zu. Im Sommer, da legt man sich einfach hin, da ist es ja heiß.»

Gorone und *terene*, obwohl in allen Schichten beliebt, galten lange als typische Freizeitverwendung für wenig begüterte Japaner. Wer keinen finanziellen Spielraum hat, muss sich mit Herumliegen und Faulenzen ver- und begnügen. Wer es sich leisten kann, bevorzugt eine aktive Freizeitgestaltung und führt so ein reiches, erfülltes Leben.

Der Soziologe Brian Taylor vertritt die These, dass eine Konzeptualisierung von Schlaf als Freizeit prinzipiell nur für diejenigen gesellschaftlichen Gruppierungen möglich ist, die bereits einen bestimmten sozialen und wirtschaftlichen Entwicklungsstand erreicht haben. Demgegenüber ist Schlafen in Japan aber ein Hobby für alle Menschen und wird im öffentlichen Diskurs gerade mit den rückständigen, ärmeren Bevölkerungsschichten in Verbindung gebracht. Gleichzeitig steht Schlaf in einem Gegensatz zur Freizeit.

Schlaf soll einerseits dem Freizeitvergnügen geopfert werden, andererseits und gleichzeitig ist es aber auch ein wichtiges Vergnügen oder «die höchste Form von Glückseligkeit». Diese Mehrdeutigkeit des Schlafens ist durchgehend zu finden.

> Frau Akimura, eine dreißigjährige Angestellte aus Sapporo, erzählt:
>
> «Schlafen liebe ich wirklich mehr als alles andere. Wenn ich frei habe, kann ich problemlos zwölf Stunden lang schlafen. Das Längste, an was ich mich erinnern kann, war, dass ich um 6 Uhr abends ins Bett ging, die ganze Nacht im tiefen Schlummer lag und bis um 6 Uhr des nächsten Abends schlief. Meine Eltern waren damals nicht zu Hause, sonst hätte ich das nicht tun können. Auch dann noch wäre es überhaupt kein Problem gewesen weiterzuschlafen. Aber ich dachte: ‹Das geht doch nicht, den ganzen Tag nichts zu essen und nur zu schlafen.› Ich bin aufgestanden und habe gleichzeitig gefrühstückt, zu Mittag und zu Abend gegessen, denn bis dahin hatte ich ja die ganze Zeit geschlafen. So wichtig ist das Schlafen für mich. Das ist das Erste, was mir zum Thema Schlafen einfällt. Schlafen ist die größte Glückseligkeit ... Wenn man es genau nimmt, ist es eigentlich total komisch zu sagen, dass es Glückseligkeit für einen bedeutet, schlafen zu können. Wenn man schläft, dann ist man natürlich nicht bei Bewusstsein und kann diesen Zustand eigentlich nicht Glückseligkeit nennen. Aber als Angestellte kann man nicht den ganzen Tag schlafen. Es klingt zwar sehr komisch, aber für mich ist das allergrößte Glück, in Ruhe schlafen zu können. Das ist Glückseligkeit.»

Erstaunlich ist, dass einige offenbar zu einer beliebigen Zeit und beinahe beliebig lange schlafen können, wenn man sie nur lässt, genauso als würden sie einem anderen Hobby nachgehen wie etwa lesen oder spazieren gehen.

Ungeachtet des Genusses, den viele empfinden, wenn sie den ganzen Tag nichts zu tun brauchen als herumzuliegen und zu schlafen, investierte die japanische Regierung viel Geld und Energie in die Förderung aktiven Freizeitvertreibs. Das 1973 gegründete Zentrum für Freizeiterschließung hatte und hat – wie der Name sagt – die Aufgabe, Freizeitaktivitäten zu fördern und weiten Teilen der Bevölkerung zugänglich zu machen. Sein Verständnis von Freizeitgestaltung unterschied sich wesentlich vom Bild des im Hausanzug vor dem Fernsehgerät herumliegenden Japaners. Nicht mehr «faules Herumliegen» war gefragt, die Japaner sollten «mit ganzer Kraft arbeiten und sich mit vollem Elan vergnügen». Freizeit stand also nicht im Gegensatz zur Arbeit, beides sollte mit ganzer Kraft geschehen. Und so beteiligten sich die japanischen Großbetriebe in großem Umfang an der Errichtung einer Freizeitinfrastruktur für ihre Beschäftigten. Dazu gehörten nicht nur Sportplätze, Weiterbildungskurse und so weiter, sondern etwa auch die Bereitstellung von kostengünstigen Nächtigungsquartieren in Tourismusgebieten für die ganze Familie. Auch das damalige Ministerium für Handel und Industrie (MITI), bei dem das Zentrum für Freizeiterschließung angesiedelt war, meinte Anfang der siebziger Jahre besorgt: «In unserem Lande nimmt bisher bei den Männern das Ausruhen (Fernsehen, Schlafen und so weiter) zwei Drittel der Freizeit in Anspruch, bei den Frauen drei Viertel, was ein sehr hoher Anteil ist, wie ein Vergleich mit dem Ausland zeigt. Demgegenüber ist der zeitliche Anteil, der für eine aktive Freizeitgestaltung in Anspruch genommen wird, sehr gering.» Mit derartigen Aussagen rief die Regierung die Bevölkerung zum aktiven Freizeitvertreib und -konsum auf. Die Bürger sollten die Beschwerlichkeiten der Kriegs- und Nachkriegszeit vergessen, das Leben genießen und zu einem fortschrittlichen Freizeitverhalten beitragen. Vor allem sollten sie dadurch aber nicht nur die eigene Freizeitindustrie fördern, sondern auch ausländische Produkte kaufen, dadurch die Handelsbilanz ausgleichen und letztlich den Handelskonflikt entschärfen. Sich zu vergnügen wurde damit geradezu zu einer staatsbürgerlichen Pflicht, auch wenn das meist nicht so direkt ausgesprochen war. Natürlich sollte das andererseits aber nicht auf Kosten der Arbeit und anderer sozialer Pflichten gehen.

Der vorläufige Höhepunkt dieser Entwicklung war in den späten achtziger Jahren in der Zeit der *bubble economy*. Die Preise und Gehälter schnellten in die Höhe, die Firmen schienen endlos Geld zu haben und luden ihre Mitarbeiter oft mehrmals in der Woche zum Abendessen und Trinken ein und des Öfteren auch zu gemeinsamen Ausflügen, zum Golfspielen und dergleichen. Die allmähliche Einführung der Fünftagewoche in vielen Betrieben und an den Mittel- und Oberschulen war nur eine der damit in Zusammenhang stehenden Maßnahmen, die zu einer vermehrten Freizeitaktivität, vor allem am Wochenende, führten. Die Regierung erstellt auch immer wieder Pläne, Arbeitszeiten zu verkürzen und Überstunden abzubauen.

Die Steigerungen des finanziellen Aufwandes für Freizeitkonsum sind beeindruckend. Die Gesamtausgaben für Freizeitkonsum in Japan betrugen im Jahr 1984 noch 46 738 Milliarden Yen und verdoppelten sich bis 1996 beinahe auf 84 616 Milliarden Yen. Auch Daten aus Studien zur Zeitverwendung machen deutlich, dass die Japaner zunehmend mehr Zeit für Vergnügungen in Anspruch nehmen; eine Entwicklung, die durch das Steigen der Lebenserwartung und den damit einhergehenden vergrößerten Anteil von Rentnern an der Gesamtbevölkerung verstärkt wird. Die Statistiken zeigen allerdings auch, dass nur ein Teil der Bevölkerung – an Werktagen weniger als die Hälfte – an dieser Entwicklung teilhat. Zu beachten ist jedoch, dass Fernsehen und anderer Medienkonsum sowie Lesen und Musikhören bei den Zeitverwendungsuntersuchungen des NHK, auf die ich mich hier beziehe, nicht zur Freizeitgestaltung gezählt wird, sondern in einer eigenen Kategorie erscheint. Besonders auffallend ist eine sprunghafte Zunahme der aktiven Freizeit zwischen 1980 und 1985. In dieser Zeit erhöhte sich die durchschnittliche Zeit, die der aktiven Freizeit gewidmet wurde, um neun Minuten, was einer Steigerung von einem Drittel entspricht. Bemerkenswert ist jedoch, dass diese Tendenz keineswegs mit einem Rückgang der Arbeitszeit einhergeht. Während es nach 1970 zunächst zu einem steten Rückgang der Arbeitszeit sowohl an Werktagen wie auch an Samstagen und Sonntagen gekommen war, verbrachte die berufstätige Bevölkerung zwischen 1980 und 1985 – trotz vermehrter Freizeitaktivitäten – mehr Zeit an ihrem Arbeitsplatz als zuvor. Mit Einführung der Fünftagewoche hatte sich die Arbeitszeit von sechs auf fünf Tage verteilt. Das Wochenende wurde zunehmend für Ausflüge und aktive Freizeit verwendet, und auch unter der Woche gingen vor allem die Angestellten nach Büroschluss gemeinsam aus.

Entgegen den theoretischen Überlegungen und Versprechungen führte die Förderung der Freizeit nicht zu einer Reduktion der Arbeitsstunden. Insbesondere während des Zeitraumes von 1980 bis 1985, in dem ein sprunghafter Anstieg in der Freizeitentwicklung zu verzeichnen war, kam es auch zu einer deutlichen Erhöhung der Arbeitszeit. Wie ist das möglich? Eine Erklärung findet sich im Medienkonsum, der in der NHK-Erhebung als eigene Kategorie geführt wird. 1985 sahen die Japaner weniger fern als fünf Jahre zuvor. Weitere fünf Jahre darauf war die Fernsehzeit noch immer kürzer als 1980; 1995 kam es dann zu einer Trendumkehr. Die zahlreichen Fernsehanstalten erfreuten sich noch nie da gewesener Einschaltquoten. Zu Zeiten der *bubble economy* realisierte sich also der Slogan «Mit ganzer Kraft arbeiten, sich mit vollem Elan vergnügen» in den Gewohnheiten der Bevölkerung. Vor allem Fernsehen, das den überwiegenden Teil der Zeit für Medienkonsum in Anspruch nimmt, verlor an Bedeutung, wohingegen Freizeit zunehmend aktiv genossen wurde.

Gleichzeitig mit der Zunahme der aktiven Freizeitgestaltung ist es in den achtziger Jahren verstärkt zu einer Reduktion der Schlafenszeit gekommen.

Tabelle: Entwicklung der Schlafenszeit aller Untersuchungsteilnehmer in Stunden und Minuten nach der Nachkodierungsmethode (NHK 1996).

Tag \ Jahr	1970	1975	1980	1985	1990	1995
wochentags	7:57	7:53	7:52	7:43	7:39	7:32
samstags	7:55	7:58	7:57	7:53	7:44	7:54
sonntags	8:40	8:48	8:49	8:42	8:33	8:29

Im Durchschnitt aller Befragten hat die Schlafenszeit an Wochentagen seit Beginn der Untersuchungen im Jahr 1970 bis 1995 um 25 Minuten täglich abgenommen. Bedingt durch die graduelle Einführung der Fünftagewoche zunächst in den größeren Firmen, später auch zunehmend in kleineren Betrieben und Schulen, wurde an Wochenenden die Schlafenszeit bis etwa 1980 zunächst länger, reduzierte sich jedoch danach und sank bis 1995 auf einen niedrigeren Wert als zu Beginn der Studien.

In den achtziger Jahren kam auch das Wort *karōshi* (Tod durch Überarbeitung) für plötzliche Todesarten wie Herzinfarkt oder Gehirnschlag auf und erlangte bald internationale Bekanntheit. 1988 wurde erstmals gerichtlich anerkannt, dass die Hinterbliebenen der *karōshi*-Opfer von den Arbeitgebern finanziell entschädigt werden müssen. In der darauf folgenden lautstarken Diskussion wurde problematisiert, dass die Menschen «zum Sterben viel arbeiten». Nicht die Zeit, die für das Schlafen, das Ausruhen oder das Familienleben fehlt, wird zum gesellschaftlichen Diskussionsthema, sondern die übergroßen Anfordungen durch die Arbeit. Ich möchte nicht in Abrede stellen, dass Schlafmangel und Stress auch durch überlange Arbeitszeiten bedingt sind. Doch durch die einseitige Hervorhebung des Aspekts der Arbeit wird der «Mythos der japanischen Arbeitsmoral» verstärkt. Demgegenüber wird aber statistisch deutlich, dass gerade in den achtziger Jahren die Reduktion der

Schlafenszeit mit einer zunehmend aktiven Freizeitgestaltung einhergeht, während die Arbeitszeiten sich im Durchschnitt nicht verändert, sondern lediglich im Wochenrhythmus verschoben haben. Schilderungen über das frühere Leben von *karōshi*-Opfern machen deutlich, dass Schlafmangel ein wesentlicher Faktor beim so genannten Tod durch Überarbeitung ist:

Eine Witwe erzählt über das frühere Leben eines *karōshi*-Opfers:

«Mein Mann ging früh aus dem Haus und kehrte spät zurück. Auch wenn er dann zu Hause war, telefonierte er bis tief in die Nacht, und selbst an freien Tagen ging er aus. Er war ein «Schaffer». Er träumte auch immer von der Arbeit, aber er gab zu, dass er etwas müde sei. Ich glaube, dass eine wesentliche Ursache [für den Tod] der Stress und der Schlafmangel waren. [...] Mein Mann schlief auf einer Matte, die er auf dem Schreibtisch in der Firma ausgebreitet hatte, und nutzte die Anfahrtszeiten zum Schlafen. Obwohl ich seine Frau bin, weiß ich nichts über seine Arbeit. Sein ganzes Leben bestand aus Geschäftemachen. Ich brachte ihm zweimal pro Woche Kleidung zum Wechseln ins Büro. Bei dieser Gelegenheit besprach ich mit ihm Probleme mit unseren Kindern. Ich glaube, er arbeitete ohne Mittagspause.»

Nachdem die *bubble* zu Beginn der neunziger Jahre platzte und Japan einen Rückgang der Wirtschaftskonjunktur erlebte, fand eine neuerliche Umstrukturierung der Arbeits- und Freizeitwelt statt. Die schlechte Wirtschaftslage hat in den letzten Jahren tatsächlich dazu geführt, dass bezahlte Überstunden und Personal abgebaut wurden. Jedoch sind die verbleibenden Beschäftigten dazu angehalten, die entstandene Mehrarbeit ohne zusätzliche Bezahlung zu übernehmen. Dass Angestellte ihre Nächte oft mehrmals pro Woche im Büro verbringen, ist keine Seltenheit. Wenn sie ein bis zwei Stunden Weg zur Arbeit haben, sparen sie sich dadurch etwa drei Stunden Fahrzeit, die sie oft dicht gedrängt stehend verbringen müssten, was ein weiterer Stressfaktor ist. Außerdem zeigen sie damit auch eine erhöhte Bereitschaft, auf ein Privatleben zu verzichten und sich dem Betrieb aufzuopfern. Zu diesem Zweck stehen Sofas und Matten am Arbeitsplatz bereit.

Auch nach 1995 gingen die durchschnittlichen Schlafenszeiten weiter zurück, die Zahlen können aber aufgrund der geänderten Untersuchungsmethoden nicht direkt verglichen werden.

Tabelle: Entwicklung der Schlafenszeit aller Untersuchungsteilnehmer in Stunden und Minuten nach der Vorkodierungsmethode (NHK 2006:38).

Tag \ Jahr	1995	2000	2005
wochentags	7:27	7:23	7:22
samstags	7:45	7:38	7:47
sonntags	8:18	8:09	8:14

Wenn man die Gesamtstatistiken von Zeitverwendung für Arbeit, Freizeit, Medienkonsum und Schlafen miteinander vergleicht, wird deutlich, dass Schlafen parallel zur boomenden Freizeit kürzer wurde, ungeachtet der Entwicklung in anderen Bereichen. Die Erschließung der Freizeit führte also nicht zu einer Reduzierung der Arbeitszeit, sondern zu einer Reduktion von Fernsehen und vor allem von Schlafenszeit.

In einer Umfrage unter Zwanzigjährigen über das Zeitbewusstsein fragte der Uhrenhersteller Seiko 2006, bei welcher Tätigkeit diese Jugendlichen am meisten das Gefühl hätten, die Zeit verschwendet zu haben. Mit 35,8 Prozent bei weitem die größte Gruppe meinte: «als sie den ganzen freien Tag verschlafen hatten», gefolgt von 25,5 Prozent, die den ganzen Tag vertrödelt hatten (alle übrigen Antworten bekamen unter 5 Prozent; zum Beispiel «wenn mich jemand hat warten lassen» wurde nur mit 1,7 Prozent genannt). Diese Umfrage zeigt einerseits, dass die Politik zur Förderung der aktiven Freizeit im Bewusstsein der jungen Erwachsenen ihre Wirkung gezeigt hat, andererseits aber auch, dass den ganzen Tag zu verschlafen und einfach nur nichts zu tun heute noch sehr häufig ist.

Die statistisch festgestellten Entwicklungen beziehen sich auf den Nachtschlaf. In der Kategorie «Schlaf» sind Nickerchen in Form von Mittagsschlaf (*hirune*), *gorone*, *terene*, *madoromi*, *utatane*, *kamin* und dergleichen sowie vor allem *inemuri* nicht eingerechnet.

Der Ausgleich des Schlafmangels

Angesichts der Tendenz der stetigen Schlafreduktion nimmt es nicht wunder, dass viele unter Schlafmangel leiden und sich tagsüber müde und zerschlagen fühlen. Der Geschäftsmann Shibata Teruo reagierte im Frühjahr 1995 auf dieses Problem und eröffnete in Osaka ein so genanntes «Mittagsschlafzimmer», über das immer wieder in verschiedenen Tageszeitungen und Journalen berichtet wurde. Im zweiten Stock eines Bürogebäudes mietete er einen 38 Quadratmeter großen Raum, in dem er sechs kleine Zelte mit Futons und jeweils frisch bezogenem Kopfkissen sowie zwei Liegestühle aufstellte (vgl. Abbildung Seite 116). Darüber hinaus verkaufte Shibata während der Öffnungszeiten (9 Uhr bis 18:30 Uhr) Augenmasken, Ohrenstöpsel sowie Medikamente gegen Schnarchen und Einschlafschwierigkeiten. Durch den Raum tönte leises Wellenrauschen oder Vogelgezwitscher, das sich mit dem regelmäßigen Schnaufen oder Schnarchen der Schlafenden in den Zelten mischte. Zielgruppe waren Angestellte, die sich für 500 Yen je halbe Stunde vor den Blicken anderer geschützt in den kleinen Zelten dem Schlummer hingeben, bis sie von Shibata zur gewünschten Zeit geweckt werden. Regelmäßigen Benutzern wurde ein Preisnachlass gewährt. Die durchschnittliche Benutzerzahl nach einem Jahr war etwa zwanzig Personen täglich. Mittlerweile gibt es mehrere derartiger Einrichtungen, die ausdrücklich zum Tagesschlaf einladen, aber Shibata hat sein Mittagsschlafzimmer im Frühjahr 2006 geschlossen.

Ebenfalls seit 1995 bietet das Tōyō Hotel in Osaka einen «Wellness-&-Siesta-Plan» an. Für 5000 Yen bekommt man eine 25-minütige Massage und kann insgesamt zwei Stunden lang in einem Einzelzimmer einen Mittagsschlaf halten und auch eine Dusche nehmen. Das Wecken erfolgt telefonisch. Monatlich nehmen aber nur etwa vierzig Personen, darunter viele Angestellte in den

Das Mittagsschlafzimmer des Shibata Teruo (*Asahi Shinbun* 1. Mai 1996).

Vierzigern, diesen Service in Anspruch. Einige andere Hotels vermieten ebenfalls Tagesschlafgelegenheiten, aber insgesamt haben sich die Hotelbesuche zum Mittagsschlaf nicht recht durchgesetzt. Es gibt wesentlich kostengünstigere Möglichkeiten, untertags einen Schlafplatz zu finden. So sind japanische Saunen auch tagsüber vielfach frequentiert. Neben Waschraum und Sauna kommt insbesondere dem Ruheraum, in dem manche Besucher mehrere Stunden zubringen, eine zentrale Bedeutung zu. Derartige Einrichtungen gibt es fast ausschließlich für Männer. Es sieht so aus, als würden sie während eines Geschäftsweges, der in den Großstädten oft unerwartet lange dauert, einen Abstecher in die Sauna machen, was daraus geschlossen werden kann, dass sie dort in Anzug und Krawatte erscheinen. Ein Mobiltelefon tragen sie bei sich. Dadurch sind sie für die Firma bei Bedarf erreichbar, und es fällt nicht auf, dass sie eine Pause machen. Noch verbreiteter ist es, in einem Café oder Restaurant einen ruhigen Platz zu suchen und dort im Sitzen eine Zeit lang zu schlafen.

Auch am Arbeitsplatz selbst gibt es verschiedene Gelegenheiten, sich auf ein Schlafplätzchen zurückzuziehen. Eine Art Gewohnheitsrecht ist der Mittagsschlaf für viele Bauarbeiter und Vertreter handwerklicher Berufe. Diese legen sich in ihrer einstündigen Mittagspause nach dem Essen entweder kurz irgendwo auf den Boden oder schlafen auf dem Sessel. Ihre Kleidung und Schuhe lassen sie an, meist nehmen sie aber den Helm ab. Da sie oft von acht Uhr morgens bis zum Einbruch der Dunkelheit oder auch länger arbeiten müssen, ist diese kurze Pause auch wichtig, damit sie ihren ge-

In einem Familienrestaurant in Tokyo am Nachmittag.

Schlafpause im Restaurant.

fährlichen Beruf ohne überhöhtes Risiko ausüben können. Zu einem entspannten Schlaf verhilft ihnen der Umstand, dass ihre Kollegen rundherum auch großteils schlafen oder sich zumindest ausruhen.

Die meisten Büros verfügen über Sofas, da ja immer wieder Angestellte übernachten, wenn sie zu viel Arbeit haben. Vor allem Medienanstalten müssen den gestressten Journalisten Schlafplätze zur Verfügung stellen, wenn sie aufgrund der Notwendigkeit aktueller Berichterstattung keine Zeit haben, nach Hause zu fahren. In einer Abteilung der NHK-Zentrale in Shibuya, Tokyo, habe ich ein mit einer Glaswand abgetrenntes Zimmer gesehen. Darin standen ein paar leere, mit frischer Bettwäsche überzogene Betten. Bei einer Tageszeitung in Tokyo gab es ebenfalls einen Raum mit einem Sofa. Als ich das Büro besuchte, hatte aber ein Kollege seit mehreren Wochen dieses Zimmer für sich vereinnahmt. Dessen Wohnung wurde gerade renoviert, und so war es für ihn das Einfachste, in die Firma zu übersiedeln. Die anderen Kollegen machten sich zwar

Ein Bauarbeiter beim Mittagsschlaf. Die Schuhe stehen fein säuberlich neben der Matte.

ein bisschen lustig und vermissten diese Schlafgelegenheit, nahmen das aber nicht weiter tragisch. Meistens schliefen sie ohnehin an ihrem Schreibtisch. Obwohl in diesem Großraumbüro jeder ständig unter Beobachtung steht, ist das ganz normal. Allerdings ist die Haltung nicht in jedem Büro gleich. Beamte, die strenger an bestimmte Arbeitszeiten gebunden sind, aber auch selten bis tief in die Nacht arbeiten, schlafen entgegen ihrem Ruf hierzulande nur sehr selten an ihrem Arbeitsplatz. Ein Beamter in einer Tokyoter Behörde meinte, während der Arbeitszeit zu schlafen gelte als unkollegial. Die anderen müssten dann mehr tun. Es verstoße auch gegen die Arbeitsmoral, obwohl es hin und wieder vorkommt. Offiziell gilt der monophasische Schlafrhythmus.

Insbesondere im Sommer sitzen in den Parkanlagen unzählige Männer und Frauen, die nach dem Essen den Rest ihrer Mittagspause zu einem kurzen Schläfchen nützen. Selbst im Winter lassen es sich viele nicht nehmen, sich in den Park zu setzen, die Augen zu

In der Kolumne «Das wahre Gesicht der Office Ladies (OL)» in der Abendausgabe der *Asahi Shinbun* vom 18. Mai 1996 schreiben einige junge weibliche Angestellte unter dem Titel «Mittagsschlaf» Folgendes:

«Für einen Mittagsschlaf ist das fensterlose Besprechungszimmer am besten geeignet. Es ist schon einmal vorgekommen, dass eine OL weitergeschlafen hat, bis der Abteilungsleiter mit dem ersten Gast am Nachmittag hereingekommen ist und das Licht eingeschaltet hat» (Angestellte im Lebensmittelhandel, 30 Jahre). «Ich beneide immer die männlichen Kollegen, die am Werktag im Park sitzen und offensichtlich wohlig schlafen» (Verlagsangestellte, 22 Jahre). «Wenn ich so müde bin, dass ich es nicht mehr aushalte, gehe ich auf die Toilette und setze mich dort mit geschlossenen Augen ein paar Minuten nieder. Das erfrischt» (Versicherungsangestellte, 30 Jahre). «Nach dem Essen setze ich mich immer an den Computer. Ich lege die Hände auf die Tastatur und sitze mit offenen Augen da. Ungefähr fünf Minuten lang kann ich mich an nichts erinnern. Das ist wahrscheinlich auch so eine Art von Mittagsschlaf» (Bankangestellte, 31 Jahre). «Als ich mit meinem Freund jede Nacht lange Telefongespräche führte und im siebenten Himmel war, bin ich in der Mittagspause immer ins Erste-Hilfe-Zimmer gegangen, um zu schlafen» (Ingenieurin, 28 Jahre). Unter Mittagsschlaf (*hirune*) verstehen die jungen Frauen in dieser Kolumne also keine offizielle Ruhephase, sondern einen mehr oder weniger versteckten Rückzug zum Ausruhen.

Eine Woche später kommen in derselben Kolumne Leiter von Unterabteilungen zu Wort, um ihre Erfahrungen zum Thema Mittagsschlaf kundzutun. Unter dem Titel «Das wahre Gesicht der Gruppenleiter» schreiben sie in der Abendausgabe der *Asahi Shinbun* vom 25. Mai 1996:

«Die Fahrt von der Forschungsabteilung zur Zentrale dauert eine Stunde. Wenn ich nach dem Mittagessen fahre, dann setze ich mich gemütlich hin und schlafe. Als ich einmal eine Station vorher aufgewacht bin, stand ein Mitarbeiter vor mir und meinte: ‹Es ist schon sehr ermüdend, eine Stunde lang zu fahren.›» (Druckereiangestellter, 46 Jahre). «Ein älterer Kollege von mir hat einmal wichtige Arbeitsunterlagen mit seinem Speichel beschmutzt [als er eingeschlafen ist]. Seitdem räumt er immer den Schreibtisch auf, bevor er *inemuri* macht.» (Angesteller einer Privatbahn, 43 Jahre).

schließen und zu ruhen, wie ich bei meinem Besuch im Ueno-Park in Tokyo im Februar 2001 erneut bestätigt sah (vgl. Abbildung unten). Bereits in der Meiji-Zeit, als in Japan die ersten Parks angelegt wurden, bemerkte ein Karikaturist ironisch, dass die Parkbänke bei Tag zum Schlafen und bei Nacht zur romantischen Betrachtung des Mondes aufgesucht würden (vgl. Abbildung Seite 122).

Der Schlafforscher Torii Shizuo empfiehlt, die Zeit in der Bahn zum Schlafen zu nutzen. Er selbst nehme vor einer Sitzung oft eigens den Zug, um einige Zeit zu schlafen. Das helfe ihm, für die Besprechung fit zu sein. Herr Watanabe, ein junger Angestellter aus Nara, erzählte mir, am liebsten schlafe er im Zug, und zwar so leicht, dass er bei jeder Station aufwache. Er genieße das Bewusstsein sehr, noch weiterschlafen zu können. Die Yamanote-Linie in Tokyo ist ebenso wie die Kanjō-Linie in Osaka sehr beliebt für ein Nickerchen. Diese Bahnlinien fahren im Kreis; die Fahrgäste sind daher nicht in Gefahr, viele Kilometer außerhalb der Stadt wieder aufzuwachen, wenn sie ihre Station verschlafen, sondern dürfen noch eine weitere Runde dösen.

Mittagsschlaf im Ueno-Park.

Karikatur aus der Zeitschrift *Nihon* vom 24. August 1907 über die Nutzung der Bänke in den neu errichteten städtischen Parkanlagen. Bei Tag dienen sie dem Schlafen, bei Nacht dem romantischen Stelldichein.

Es ist festzustellen, dass der Weg zur Arbeit sowie der frühe Nachmittag besonders schlaffördernd sind. Wie viele der Fahrgäste eigens zum Schlafen die Bahn benutzen, kann allerdings nicht gesagt werden. Die vielfältigen informellen Möglichkeiten der Tagesruhe sind kein Mittagsschlaf im Sinne einer gesellschaftlich institutionalisierten Ruhezeit, wie es die Siesta ist. Niemand hat eine garantierte Zeit, die sie oder er dem Schlafen widmen kann, sondern jeder muss selbst eine Lücke zum Ausruhen finden. Auch wenn das Wort *hirune* (Mittagsschlaf) für die verschiedenen Arten des Tagesschlafes verwendet wird, kann das gegenwärtige Japan nicht als Siesta-Kultur bezeichnet werden.

Einigen Bevölkerungsgruppen wird allerdings ein einheitlicher Rhythmus für einen Mittagsschlaf antrainiert. Die Sumo-Ringer gehören dazu. Vor allem die Inhaber niedriger Ränge stehen schon um 5 oder 6 Uhr früh auf und beginnen mit leerem Magen zu trainieren. Wenn die Ranghöheren aufstehen, sehen die Jungen entweder diesen beim Training zu oder bereiten den *chanko-nabe* (einen proteinreichen Eintopf) vor. Danach baden alle, wobei die Jungen den Etablierten den Rücken schrubben dürfen, bevor sie gegen 11 oder 12 Uhr eine ausgiebige Mahlzeit und viel Alkohol zu sich nehmen. Damit sie Gewicht ansetzen, sind sie sehr darauf bedacht, anschließend zwei bis drei Stunden zu schlafen. Auf diesen Schlaf legen ihre Trainer viel größeren Wert als auf den Nachtschlaf, wie der Sumo-Journalist Berthold Steinschaden recherchiert hat. Fettansatz ist der offizielle Grund für diesen Schlafrhythmus. Wenn die Schlüsse, die aus verschiedenen Untersuchungen zum Mittagsschlaf gezogen werden, zutreffen, und Mittagsschlaf vor allem Herz- und Kreislaufproblemen vorbeugen hilft, dann könnten sie sich damit aber indirekt viel Gutes tun. Durch die schnelle Zu- und spätere Abnahme von Gewicht und reichlich Alkohol- und Zigarettenkonsum sind Sumo-Ringer natürlich besonders anfällig für Herz- und Kreislauferkrankungen. Der Mittagsschlaf könnte ihnen helfen, das Risiko geringer zu halten.

Ein wichtigeres Beispiel für die Diskussion über die Schlafmuster sind die Kinder in den Kinderkrippen. Anders als zu Hause, wo eine eventuelle Tagesschlafenszeit des Kindes an dessen individuelle Bedürfnisse angepasst ist und auch der Zeitpunkt des Schlafengehens am Abend oft unreguliert bleibt, müssen sich alle Kinder in der Krippe an einen vorgegebenen Rhythmus und an eine festgelegte Dauer des Mittagsschlafes gewöhnen. Die Betreuerinnen begründen die strikte Einhaltung des Mittagsschlafes damit, dass dieses Training dazu verhelfe, einerseits eine Anpassung der Kinder an den Rhythmus der ganzen Gruppe sowie eine emotionale Einbindung in diese zu erreichen und andererseits eine Vermeidung von Störungen des Tagesablaufes zu verwirklichen. Die Kinder müssen lernen, auf ihre schlummernden Spielgefährten Rücksicht zu nehmen und sich an die Gruppenregeln zu halten. Wenn ein Kind Einschlafschwierigkeiten hat, legt sich eine der Betreuerinnen zu ihm, klopft ihm sanft auf den Rücken und wiegt es so in den Schlaf. Entscheidend bei diesem Training ist, dass mittels eines ähnlichen Rituals wie zu Hause, ohne offenen Zwang, aber mit sanftem Druck, der Übergang vom Familienleben ins Gruppenleben erleichtert wird, analysiert der Anthropologe Eyal Ben-Ari. Der Mittagsschlaf bietet darüber hinaus den Betreuerinnen Gelegenheit, sich ein bis zwei Stunden lang verschiedenen administrativen Tätigkeiten zu widmen. In dieser Zeit besprechen sie das weitere Programm oder Probleme mit einzelnen Kindern und halten die Vorkommnisse des Vormittages in Mitteilungsheften für die Mütter fest. Wenn die Kinder älter werden, werden sie langsam dem Mittagsschlaf entwöhnt. Grundschüler schlafen tagsüber nicht mehr. Damit haben sie sich bereits an den gesamtgesellschaftlich offiziell geltenden monophasischen Tagesrhythmus angepasst.

1994 befragte die Pharmafirma Daiichi Seiyaku Personen im Großraum Tokyo, zu welchen Zeiten oder bei welchen Gelegenheiten es für sie am erfrischendsten sei zu schlafen beziehungsweise welche Situation ihnen am besten in Erinnerung geblieben ist. Spitzenreiter ist «nach dem Sport» mit 31 von insgesamt 287 Nennungen. Auffallend sind jedoch die häufigen Angaben, die Schlafen in Verbindung mit Reisen oder Fortbewegung bringen. 29 Personen nennen die Bahn, 13 die Autofahrt und vier Personen die Fahrt mit anderen Verkehrsmitteln ihren besten Schlafplatz. 25 Personen schlafen am besten am Reiseziel und 14 nach einem Thermalbad, fünf am Strand, 13 sprechen von «im Freien», ohne das zu spezifizieren, und 13 finden den erfrischendsten Schlaf, nachdem sie von einer Reise wieder heimgekehrt sind. Mit der Feststellung der häufigen Nennung von Schlaf im Zusammenhang mit Reisen komme ich zum Thema Freizeit zurück. Denn ein wichtiger Bereich, der im Rahmen der Politik der Freizeiterschließung einen Aufschwung erfuhr, ist das Reisen.

Die schrittweise Einführung der Fünftagewoche, die Anhäufung mehrerer nationaler Feiertage zu Neujahr und während der so genannten Golden Week (Ende April bis Anfang Mai) und die immer stärkere Verbreitung findenden mehrtägigen Betriebsferien in Großbetrieben waren eine wichtige Voraussetzung für eine Zunahme der Reisetätigkeit, die seit den sechziger Jahren anhält, wenn es sich auch mittlerweile viele Firmen nicht mehr leisten wollen oder können, ihren Angestellten solche Reisen zu bezahlen. Seit dem Jahr 2000 sind mehrere der nationalen Feiertage auf einen Freitag oder Montag verlegt worden, sodass sich jeweils ein verlängertes Wochenende ergibt, das zum Reisen genutzt werden kann.

Den Prospekten ist zu entnehmen, dass es zu den Hauptattraktionen für Inlandsreisen gehört, sich vorbehaltlos Ruhe, Baden

Ein Rastplatz auf der Strecke zwischen Kyoto und dem Japanischen Meer ist mit einem Schild mit der Aufschrift «*inemuri* parking area» versehen.

und Essen gönnen zu können. Ein typisches Wochenende sieht so aus, dass die Kleingruppe – eine Familie, Kollegen oder Freunde – meist gemeinsam zu ihrem Hotel fährt. Auf der Fahrt dorthin machen sie üblicherweise irgendwo Station, gehen ein paar Schritte, um sich einen Ort, Berg oder See anzusehen und in einem Lokal die Spezialitäten der Gegend zu kosten. Nach der Ankunft im Hotel verbringen sie manchmal Stunden im Thermalbad, um sich im heißen, heilenden Wasser zu entspannen, die Mühen des Alltags wegzuwaschen und ein wenig zu schlafen. Am frühen Abend setzen sich alle in ihrem leichten Baumwollkimono zu einem opulenten Mahl, essen, trinken Alkohol und singen bis in die Nacht hinein. Am nächsten Tag geht es wieder nach Hause zurück. Da aber das Frühstück und das Räumen des Hotelzimmers sehr früh angesetzt ist, können die Erholungssuchenden am Morgen nicht wirklich ausschlafen.

Zum Schlafen werden dann die mitunter langen Fahrtzeiten verwendet. Nur die Fahrerin oder der Fahrer darf natürlich nicht einschlafen. Tatsächlich stellen übermüdete Autofahrer – nicht nur nach einem solchen Wochenende – ein großes Problem dar. Übermüdung ist eine der häufigsten Unfallursachen, oft mit tödlichen Folgen. Japanische Autofirmen entwickeln Sensoren, die die Lenker durch Lärmsignale aufwecken, sollten ihre Augen zufallen oder der Kopf nach vorne kippen. Und auf Autobahnen unterbrechen die zahlreichen Mautstellen die langen, eintönigen Autofahrten. Auf Überlandstraßen – etwa auf der beliebten Ausflugsstrecke zwischen Kyoto und dem Japanischen Meer – fordern Schilder mit der Aufschrift «*inemuri* parking area» an Rastplätzen die übermüdeten Heimkehrer zum Nickerchen auf (vgl. Abbildung Seite 126).

Bei Gruppenreisen ins Ausland verhalten sich die Dinge etwas anders. Erholung ist nicht das vorrangige Ziel. Die Reisen dauern selten länger als fünf bis zehn Tage, da Angestellte üblicherweise nicht länger als eine Woche am Stück Urlaub nehmen können. In dieser Zeit wollen die Reisenden natürlich so viel wie möglich sehen, erleben und einkaufen. Ein bis zwei Übernachtungen pro Stadt müssen genügen. Verständlicherweise fällt der Erholungseffekt bei einem derart dichten Besuchsprogramm gering aus; er besteht nur darin, einmal aus der gewohnten Umgebung ausbrechen zu können. Dennoch gibt es Möglichkeiten, Entspannung zu finden. Viele japanische Gruppenreisende nützen jede freie Minute der Fahrt mit Flugzeug, Bus, Bahn oder Schiff, um ein Nickerchen zu halten.

Ausflugsschiff auf dem Sumida-Fluss, Tokyo.

Nicht selten fallen ihnen aber auch bei Besichtigungstouren und Veranstaltungen die Augen zu, sobald sie ruhig sitzen.

Selbst bei einem etwa zweiminütigen Schwimmwettbewerb bei den Olympischen Spielen im September 2000 in Sydney entdeckte die Fernsehkamera mitten in der tobenden Zuschauermenge einen Japaner, der friedlich schlummerte. Vermutlich war er einer von denen, die einen Tagestrip nach Sydney gebucht hatten. Um teure Hotels und Urlaubstage zu sparen, nahmen viele das Angebot wahr, während der Nacht nach Sydney zu fliegen, um den gesamten folgenden Tag bei verschiedenen Wettbewerben verbringen zu können und am Abend wieder ins Flugzeug nach Japan zu steigen. Deshalb dürfte den Mann dann der Schlaf übermannt haben, als er endlich zur Ruhe gekommen war und auf seinem Zuschauerplatz saß. Man kann über ihn lachen, aber andererseits waren wohl wenige so konsequent vom olympischen Geist beseelt wie er: Dabei sein ist alles!

Viele Musikliebhaber träumen davon, einmal im Leben ein Konzert der Wiener Philharmoniker im Großen Musikvereinssaal mitzuerleben. Dafür sind sie auch bereit, lange zu sparen und – inklusive Flug und kurzem Aufenthalt – mindestens 2000–3000 Euro auszugeben. Da viele von ihnen aus den verschiedensten Gründen aber nur ein paar Tage Urlaub nehmen können, müssen sie die Reise möglichst effizient planen. Deshalb wird das Programm sehr dicht. Wenn sie dann während dieser Reise einmal ruhig sitzen und nur zuhören oder zusehen, dösen einige weg und hören das Konzert aufgrund der Erschöpfung durch die weite Reise und die Macht der Gewohnheit überwiegend nicht oder höchstens unterbewusst. Immerhin fühlen sie sich danach meist ausgeruht.

Diesen Effekt könnten sie auch weit billiger haben. Am 8. September 1999 kündigte die Tageszeitung *Asahi Shinbun* ein «Konzert zum Schlafen» von Miyashita Fumio am 21. September abends an. Tickets waren für 5000 Yen, etwa 40 Euro, erhältlich. Das mit dem

Synthesizer hergestellte Vogelgezwitscher und Bachgeplätscher erzeugt angeblich im Gehirn Alphawellen, was zum Einschlafen führen soll. Das Konzert war gut besucht, und viele gaben hinterher an, tatsächlich geschlafen zu haben.

Es klingt zunächst verrückt, 5000 Yen auszugeben, um zwei Stunden in Ruhe schlafen zu können. Auch viele Japaner finden es übertrieben. Aber die interviewten (überwiegend weiblichen) Konzertbesucher zeigten sich durchaus zufrieden, wie dieselbe Zeitung am 28. Juni 1999 über ein anderes dieser Konzerte berichtete. Die Krankenschwester Enokimoto Kazuko begründet, warum sie schon zum zweiten Mal an so einem Schlafkonzert teilnimmt. Sie höre zwar auch zu Hause die CDs von Herrn Miyashita, aber immer gehe ihr dabei die Arbeit im Spital oder zu Hause durch den Kopf. Es sei extrem schwierig, einen «Ort zum beruhigenden Schlafen» zu finden. Wenn man nur ein paar Mal im Jahr so ein Konzert besuche, sei das auch nicht wirklich teuer. Ein Drucker namens Takai meinte auch, er habe gut geschlafen. Für ihn, der normalerweise nur auf drei Stunden komme, sei es eine äußerst wertvolle

Miyashita Fumio bei einem *nemuri no konsāto* (Schlafkonzert).

Konzertbesucherlnnen.

Zeit gewesen. Herr Miyashita ist mittlerweile in den ewigen Schlaf eingetreten, wie es auf seiner Homepage heißt. Seine CDs sind aber nach wie vor in großer Zahl erhältlich.

Bei näherer Betrachtung ist die Idee des Konzerts nachvollziehbar. Durch den zunehmenden Stress leiden immer mehr Leute unter Schlafmangel und Schlafstörungen. Auf eine Befragung von japanischen Angestellten in den Dreißigern, wofür sie sich gerne Zeit kaufen würden, antworteten 31 Prozent, dass sie für mehr Schlafenszeit bereit wären, Geld auszugeben. Dinge, die zu einem erholsamen Schlaf führen können, haben einen Wert erhalten. Darüber hinaus wird es immer wichtiger und sozial anerkannter, Zeit und Geld für Freizeitaktivitäten, insbesondere Reisen, auszugeben, wohingegen diejenigen, die nur zu Hause herumlungern, bemitleidet und zu den armen Leuten gezählt werden. Viele fühlen sich auch unter anderen Menschen wohler als allein zu Hause. Wenn man schon für so vieles Geld ausgibt, dann ist es doch nur recht und billig, dies auch für eines der mittlerweile kostbarsten Güter, einen ruhigen und erholsamen Schlaf, zu tun. Zu diesem Zweck gibt man ja auch für andere Dinge Geld aus: Medikamente, ein Mittagsschlafplätzchen sowie immer neues und besseres Bettzeug und dergleichen mehr. Ein Schlafkonzert stellt sozusagen den Höhepunkt oder die Essenz dieser Entwicklung dar. Es ermöglicht, die soziale Anforderung, die Freizeit aktiv zu gestalten, mit dem persönlichen Wunsch in Einklang zu bringen, in Ruhe zu schlafen. Die mittlerweile sozial anerkannte aktive Freizeitgestaltung bietet den Rahmen dafür, dass sich die Japaner einem ihrer nach wie vor beliebtesten Hobbys (wie sie es oft selbst nennen) hingeben können, dem Schlafen. Individueller Tagesschlaf – in Form von *gorone* und *inemuri* – hat nach wie vor und wieder verstärkt einen wichtigen Stellenwert.

Schlafkonzerte bleiben immer noch einer Minderheit vorbehalten. Es können jedoch immer wieder Leute während einer Freizeitveranstaltung schlafend beobachtet werden, sei es im Kino, bei Sportveranstaltungen, in der Diskothek und vor allem beim gemeinsamen Essen und Trinken. Schlafen ist hierbei aber wohl in den wenigsten Fällen das Ziel. Das Schlafen in Gesellschaft ruft nur äußerst selten Missbilligung hervor. Meist sehen die Anwesenden einfach darüber hinweg und führen ihre Unterhaltung weiter. Bisweilen sind die Reaktionen aber auch bemerkenswert: Am 19. Februar 2001 lud mich mein ehemaliger Englisch-Schüler Takeda Takeshi, ein Baumeister aus Kyoto, aus Anlass meiner Abreise

«Ein richtiger Gentleman.»

nach einem dreiwöchigen Japanaufenthalt gemeinsam mit seiner Frau, seinen Mitarbeitern und Freundeskreis zum Abendessen in ein gutes Fischrestaurant ein. Auch meine russische Freundin und ihr Russisch-Schüler kamen mit; insgesamt waren wir etwa 15 bis 20 Personen. Wir saßen im Tatami-Raum im zweiten Stockwerk, aßen ausgiebig und gut und unterhielten uns lebhaft. Gegen Ende des Abendessens legte sich der Russisch-Schüler, ein etwa dreißigjähriger Konditor, auf den Rücken und schlief ein. Das Fest ging munter weiter. Nach einiger Zeit kommentierte ihn einer der anwesenden Handwerker mir gegenüber: «Das ist noch ein richtiger Gentleman. Obwohl er müde ist, geht er nicht nach Hause, sondern harrt bis zum Ende aus, damit die Frau in seiner Begleitung nicht allein ist.»

Die sozialen Regeln von *inemuri*

Wenn meine bisherigen Ausführungen den Eindruck erweckt haben, *inemuri* sei jederzeit und in allen Situationen erlaubt, muss ich das einschränken. So einfach ist die Angelegenheit nicht. Es gibt soziale Regeln, wer wann und bei welcher Gelegenheit *inemuri* halten darf. Die Schwierigkeit ist, dass diese Regeln nirgends festgehalten sind. Um sie herauszufinden, habe ich mir *inemuri* in verschiedenen Situationen sowie die Einstellungen darüber in den Medien und bei meinen Befragungen genauer angeschaut. Sehr bald ist mir dabei aufgefallen, dass es einen wichtigen geschlechtsspezifischen Unterschied in der öffentlichen Diskussion über *inemuri* gibt. Während bei Männern überwiegend das Schlafen am Arbeitsplatz thematisiert wird, kommen Frauen hauptsächlich als öffentliche Schläferinnen in den Zügen vor.

Inemuri im Zug

In der NHK-Fernseh-Talkshow «Verständnis der Ehepartner füreinander» (März 1996) zum Thema Schlaf entwickelt sich nach einem Videoclip über *inemuri* folgendes Gespräch:

Mitaku Tamio (Moderator): «Wie ist das mit dem *inemuri* bei Ihnen allen?»

Shioda Maruo (Kritiker): «Ich tue das kaum. Wenn man das so sieht, kann man wirklich nicht sagen, dass es ein gutes Bild macht. Der Betreffende fühlt sich dabei ja vielleicht wohl.»

Mitaku: «Sie sind doch öfter im Ausland. Machen die Leute im Ausland auch *inemuri*?»

Shioda: «Nein, sie tun das nicht.»

Mitaku: «Sie tun das nicht?»

Shioda: «Wenn Amerikaner und Europäer nach Japan kommen, sind sie immer am meisten darüber erstaunt, dass die jungen Frauen in der Bahn ganz selbstverständlich schlafen.»

Mitaku: «Warum denn das?»

Shioda: «Das ist wirklich gefährlich, das kann man nicht machen; im Ausland.»

Konya Fumiko (Wirtschaftsexpertin): «Meinen Sie damit das hohe Maß an öffentlicher Sicherheit?»

Shioda: «Ja, genau. Das heißt, dass es ein sicheres Land ist.»

Mitaku [zu Konya]: «Und wie sieht es bei Ihnen mit *inemuri* aus?»

Konya: «Ich habe kein Vertrauen in mein Erscheinungsbild während des Schlafens. Ich habe zwar auch wenig Selbstvertrauen in mein Erscheinungsbild, wenn ich wach bin, doch seit meiner Kindheit habe ich die Angewohnheit, mit offenem Mund zu schlafen. Deshalb achte ich sehr darauf, auf keinen Fall in Anwesenheit anderer zu schlafen.»

Mitaku: «Ach so.»

Hori Hiroshi (Zoologe): «Tiere machen immer *inemuri*.»

Mitaku: «Wie?»

Hori: «Sie sind nie im Tiefschlaf. [...] Das hat nichts mit Stabilität und Sicherheit zu tun. Es ist im Gegenteil ziemlich unsicher.»

Als ich während meiner Feldforschungen wiederholt die Frage stellte, warum Japaner und Japanerinnen scheinbar immer und überall schlafen, erhielt ich oft zur Antwort, Japan sei – im Vergleich zum Ausland, konkret Amerika und Europa – sehr sicher. Deshalb schlafen in Japan so viele in der Bahn. Auch in den Medien fand ich dieses Argument oft zu lesen. So heißt es etwa bei Anzai Mizumaru in der Monatszeitschrift *Marie Claire* vom Januar 1995: «Ich bin auf der ganzen Welt herumgereist und kann daher sagen, dass die japanischen Frauen diejenigen sind, die am häufigsten im Zug schlafen. Das zeigt irgendwie, dass Japan sehr sicher ist. So gesehen könnte man sagen, dass die schlafenden Frauen ein Symbol für den

Frieden des Landes sind.» Kurze Zeit nach der Veröffentlichung dieses Artikels wurde die Bedeutung des Argumentes schlagartig klar. Gleichzeitig wurde auf tragische Weise in Frage gestellt, ob Japan tatsächlich ein so sicheres Land ist. Am 17. Januar 1995 erschütterte das große Hanshin-Erdbeben nicht nur die Erde in der Gegend um Kobe und Awaji, es erschütterte auch das Vertrauen in die geotektonische Stabilität der Region sowie die Zuverlässigkeit der Regierung, der Bevölkerung in Krisensituationen beizustehen. Schlafstörungen gehörten zu den verbreitetsten psychischen Beschwerden nach der unerwarteten Zerstörung weiter Teile Kobes und seiner Umgebung. Ähnlich wirkte sich wenig später, am 20. März 1995, das Sarin-Attentat der Aum-Sekte in mehreren U-Bahn-Linien Tokyos aus. Nur mehr wenige hatten den Mut, in öffentlichen Verkehrsmitteln ein Nickerchen zu halten, wie ich während eines Tokyo-Aufenthaltes im darauffolgenden April feststellen konnte, denn sie fürchteten sich vor neuerlichen Giftgasanschlägen. Erdbeben und Anschläge zerstörten das weithin akzeptierte Image von Japan als einem Land mit stabiler öffentlicher Sicherheit.

Das Gefühl der Sicherheit ist zweifellos eine grundlegende Voraussetzung für einen guten Schlaf. Es ist jedoch keinesfalls dessen Ursache. Es gibt keinen Automatismus, der zum Einschlafen führt, sobald sich jemand sicher fühlt. Bei den meisten spielt die Überlegung, ob die Züge sicher sind, bewusst keine Rolle für das *inemuri*. Es ist zunächst eine Selbstverständlichkeit. Alle tun es. Dennoch lässt sich das Argument der Sicherheit bei einer Analyse des Schlafverhaltens in der Öffentlichkeit nicht einfach vom Tisch wischen. Der Hinweis des Zoologen Hori im zitierten Fernsehgespräch (siehe Kasten), dass Tiere ausschließlich *inemuri* machen und nie in Tiefschlaf verfallen, eben weil es unsicher ist, verdient, näher betrachtet zu werden. Mich interessiert dabei nicht die Schlafweise verschiedener Tierarten, sondern die theoretische Möglichkeit, dass die Gewohnheit des *inemuri* nicht in der Sicherheit, sondern – im Gegenteil – in der Unsicherheit der Umgebung (mit-)begründet liegt. Hori setzt das *inemuri* der Tiere in einen Gegensatz zu Tiefschlaf, meint damit folglich einen oberflächlichen Schlaf. Daher bedeutet Horis Feststellung, Tiere machten ausschließlich *inemuri*, dass sie aufgrund ständig lauernder Gefahren Tiefschlaf vermeiden und sich stattdessen in oberflächlichen, meist kurzen Schlafphasen ausruhen, um jederzeit fliehen oder den Gegner angreifen zu können.

Wenn von dieser Beobachtung auf die Möglichkeit geschlossen wird, dass auch Menschen zur Praxis des kurzen, oberflächlichen Schlafes in Form von *inemuri* tendieren, um die Periode des Tiefschlafs möglichst kurz zu halten, dann stellt sich die Frage des Verhältnisses von Schlaf und Sicherheit neu. Man könnte die Theorie aufstellen, dass Japaner die Gewohnheit des *inemuri* nicht angenommen (oder beibehalten) haben, weil die Umgebung so sicher ist, sondern dass es über lange Zeiträume der japanischen Geschichte und für weite Teile der Bevölkerung sicherer war, dieser Art von oberflächlichem Schlaf nachzugehen, als etwa acht Stunden lang während der Nacht tief zu schlummern. Die Menschen sind zusätzlich zu einem relativ kurzen Nachtschlaf tagsüber immer wieder eingenickt, wenn sich die Gelegenheit ergab. Aus dieser Notwendigkeit entwickelte sich eine Gewohnheit des öffentlichen Schlafens, die bis heute – trotz immer wieder geäußerter Kritik am öffentlichen Schlafen und obwohl die Grundlage der öffentlichen Unsicherheit nicht mehr im gleichen Ausmaß gegeben ist – verbreitet ist. Dafür spricht, dass im Mittelalter die Nachtwachen im Dienst schliefen. Auch später hatten vorbildliche Samurai den Ruf, dass sie selbst im Schlaf den Feind von weitem her anschleichen hörten. Diese Hypothese besagt jedoch nicht, dass *inemuri* ein von einer als normal, ideal oder natürlich anzusehenden monophasischen Schlaforganisation abweichendes Schlafverhalten ist.

Was aber macht nun *inemuri* heute sicher, und in welcher Hinsicht sicher? Diese Frage kann am besten beantwortet werden, wenn man analysiert, welche Gründe die Japaner angeben, die für sich selbst *inemuri* ablehnen. Im Fernsehgespräch über *inemuri* begründen die Gesprächsteilnehmer ihre Vorbehalte gegenüber dem Schlafen in der Öffentlichkeit nicht damit, dass sie sich fürchten, bestohlen oder verletzt zu werden. Herr Shioda zieht es vor, wach zu bleiben, weil *inemuri* «kein gutes Bild macht». Frau Konya gibt mangelndes Selbstvertrauen darüber an, wie der eigene Körper aussieht, wenn sie im Schlaf die Kontrolle über sich verliert, das heißt mit offenem Mund schläft. Unbewusste, verräterische Körperbewegungen könnten gut gehütete Geheimnisse preisgeben. Herr Yamasaki Nakamichi aus Kōchi erzählte mir von einem einschneidenden Erlebnis, das ihn seit seiner Kindheit davon abhält, in der Öffentlichkeit zu schlafen. Als etwa dreizehnjähriger Schüler war er einmal im Zug eingeschlafen, träumte und stieß einen lauten Ruf aus, sodass sich alle Reisenden umdrehten und ihn anstarrten, als er aufwachte. Das war ihm so peinlich, dass er seither immer gegen den Schlaf ankämpft, wenn er in ein öffentliches Verkehrsmittel einsteigt.

Gleichzeitig bedeutet *inemuri* auch einen Mangel an gesellschaftlicher Aufmerksamkeit. Eine grundsätzliche Regel ist, dass die Körperhaltung beim *inemuri* an die soziale Situation angepasst bleibt. Im Zug heißt das, dass auch Schlafende aufrecht sitzen oder stehen und sich weitgehend unter Kontrolle halten. Hierbei gibt es allerdings geschlechtsspezifische Unterschiede. Historisch war die Schlafstellung von Jungen und Männern, mit Ausnahme der Mönche, keinen strengen Regelungen unterworfen; sie konnten sich entspannt dem Schlaf hingeben. Ein Junge, der sich im Schlaf viel bewegt, gilt als gesund und energiegeladen. Mädchen und Frauen wurden hingegen trainiert, auch im Schlaf zu Hause im Futon ihren Körper zu kontrollieren und ihn nicht ungeschützt den Blicken anderer auszusetzen. «*Negao o miseru na*» (zeige dein schlafendes

Gesicht nicht) ist eine Forderung, die sich nur an Frauen, vor allem der Oberschichten, richtete. Die in Sendai aufgewachsene neunzigjährige Großmutter einer Bekannten musste in ihrer Kindheit und Jugend immer kerzengerade auf dem Rücken liegen. Der Nacken ruhte auf einer hohen hölzernen Kopfstütze. Rechts und links von ihrem Gesicht wurde Puder gestreut, das bei jeder Kopfbewegung an den Wangen haften blieb und so ihren Mangel an Selbstkontrolle verriet.

Derartige moralische Ansprüche werden heute nicht mehr gestellt. Mit den allgemeinen gesellschaftlichen Veränderungen haben sich auch die geschlechtsspezifischen Unterschiede in den Anforderungen in Bezug auf das Schlafen abgeschwächt. *Inemuri* ist auch bei Frauen weitgehend toleriert; vor allem junge urbane Frauen halten sich beim Schlafen ebenso wenig zurück wie ihre männlichen Landsleute. Dennoch kann eine deutliche geschlechtsspezifische Unterscheidung in der Beurteilung des *inemuri* in der Bahn, insbesondere in den Medien, festgestellt werden.

Die Frauenzeitschrift *an an* vom 5. Februar 1993 druckt unter dem Titel «Ist mit dir alles in Ordnung? Über Frauen, die schlechte Manieren haben, peinlich sind und sich nicht zu benehmen wissen» Meinungen von Leserinnen über unangebrachtes Verhalten von Frauen ab. Der Brief einer Damenausstatterin namens Nagata Mie ist typisch für viele:

«Im Zug beobachte ich oft Frauen, die mit geöffneten Schenkeln dasitzen und schlafen. Wenn sie noch dazu lange Haare haben, die ihnen wie ein Vorhang herunterhängen, macht das ein schlechtes Bild. Obwohl ich auch eine Frau bin, weiß ich nicht, wo ich hinschauen soll. In der Tat sollte es für eine wohlerzogene Frau ein Tabu sein, vor den Augen anderer tief zu schlafen.»

Zumindest zwei Merkmale von schlafenden Frauen werden immer hervorgehoben: ihre angeblich gespreizten Beine sowie die herunterhängenden langen Haare. Geöffnete Schenkel, die tatsächlich bei Frauen nur selten zu beobachten sind, stehen laut Samy Molcho für die geöffnete Vulva und damit für die ungezähmte Vulgarität der Frau, die in der Öffentlichkeit nicht akzeptiert wird. Im Gegensatz dazu wird derselben Körperhaltung bei Männern eine weit größere Toleranz entgegengebracht. Das Aussehen wird neben der Körperhaltung und vor allem der Kontrolle und Disziplinierung der Gliedmaßen auch durch die Kleidung, das Make-up, die Rasur und die Frisur bestimmt. Zu beachten ist an dieser Stelle die Kritik an den langen, herunterhängenden Haaren, die im Zusammenhang mit *inemuri* von Frauen auffallend oft geäußert wird. Zerzauste Haare stehen symbolisch für ein unordentliches Erscheinungsbild und damit für die Unfähigkeit, die Gefühle unter Kontrolle zu bringen, was als Grundeigenschaft eines verantwortungsvoll agierenden Menschen angesehen wird. Am deutlichsten wird dieser Symbolgehalt in den japanischen Geister- und Schauergeschichten, wo Dämoninnen und grausame «alte Weiber» immer zerzauste, lange Haare haben. Ungebändigte weibliche Energie ist

Aus einem Fotoartikel in der *Shūkan Shinchō* mit dem Titel: «Die Narkolepsie/*inemuri*-Krankheit der Töchter in den Zügen».

Ein junger Mann in der Chuo-Linie in Tokyo. Obwohl er sich nicht anlehnen kann, hat er durch seine breit ausgestellten Beine eine relativ stabile Sitzhaltung.

bedrohlich. Ein diszipliniertes Management des Aussehens ist eine wichtige Maßnahme, sich entsprechend den Erfordernissen einer sozialen Situation zu verhalten. Das Kämmen der Haare ist auch eine der ersten und wichtigsten Tätigkeiten, die die Erziehungsliteratur mehrerer Jahrhunderte nach dem Aufstehen vorschreibt. Kinder dürfen ihre Eltern oder Schwiegereltern erst begrüßen, nachdem sie ihre Haare in Ordnung gebracht haben.

Auch in Zeitschriften, die sich nicht speziell an ein weibliches Publikum richten, wird in Zusammenhang mit *inemuri* im Zug nur über das Verhalten der Frauen berichtet, obwohl selbst bei Bildern, auf denen junge schlafende Frauen das Motiv des Fotografen sind, auch viele der neben ihnen sitzenden Männer eindeutig schlafen. Während die Frauen ihre Beine übereinander geschlagen oder geschlossen halten, sind es oft Männer, die die Beine hüftbreit oder weiter geöffnet haben (siehe Abbildungen).

Am prägnantesten bringt Ōshima Kiyoshi, seines Zeichens Gynäkologe, Sexualwissenschaftler und Honorarprofessor der Universität Kyoto, seinen Unmut zum Ausdruck. Sein Buch *Frauen, die schon am Vormittag schlafen, werden hässlich* (1993) beginnt mit den Worten: «In letzter Zeit kann man immer mehr Frauen beobachten, die im Zug schlafen. Als ob es ein Platz für ein Nickerchen wäre, schlafen sie fest, ohne auf die Augen der Menschen rundherum Rücksicht zu nehmen. Ihre Haare sind zerzaust, ihre Schenkel sind unkontrolliert geöffnet, bei manchen rinnt Speichel herunter, und einige schnarchen sogar. Wenn ich so einen Anblick vor mir habe, werde ich furchtbar wütend.» Wütend wird der 1927 geborene Professor nach eigenen Aussagen nicht, weil «alte Leute immer über Disziplin reden». Sein Zorn rührt vielmehr von einer aus den Erkenntnissen der Großhirnphysiologie kommenden Sorge um die Frauen. Er ärgert sich darüber, dass die Frauen gar nicht merken, dass sie durch dieses Verhalten zur Degenerierung ihres Gehirns beitragen. Anatomisch gesehen gibt es Ōshima zufolge grob gesagt drei Unterschiede zwischen dem weiblichen und dem männlichen Gehirn. Erstens ist das Zentrum für den Sexualtrieb bei Frauen (und männlichen Homosexuellen) nur etwa zwei Drittel so groß wie bei Männern. Zweitens ist die Verbindung zwischen rechter und linker Gehirnhälfte bei Frauen breiter als bei Männern, was einen schnelleren Austausch zwischen beiden Gehirnhälften ermöglicht und auch eventuelle Schäden der einen Hälfte durch die jeweils andere wettzumachen hilft. Frauen sind daher flexibler, neue Ideen aufzunehmen. Drittens schließlich ist das limbische System der Frauen potenter als bei Männern. Dieses ist der Ursprung der Instinkte, und es kontrolliert die Hormone und inneren Organe. Es ist somit die wichtigste Befehlsstelle der Gattung Mensch. Dieses starke limbische System ermöglicht Frauen, besser mit Stress umzugehen. Wichtiger jedoch als diese anatomischen Unterschiede ist der Umstand, dass das weibliche Gehirn einen Rhythmus hat, der durch die Menstruation beeinflusst wird. Das weibliche Gehirn ist also mit mehr Fähigkeiten ausgestattet als das männliche. Die größte Besonderheit des weiblichen Gehirns, so Ōshima, ist aber sein Rhythmus. Männer haben keinen solchen

Rhythmus (sie haben schließlich auch keine Menstruation). Im Grunde nämlich, so führt er weiter aus, ist das weibliche Gehirn dem männlichen durch ebendiesen Rhythmus überlegen. Die natürliche Waffe der Frau ist ihr Gehirn, nicht ihre Schönheit. Und selbst diese ist dahin, wenn sie nicht sorgsam auf die Aufrechterhaltung ihres Rhythmus achtet und diesen durch *inemuri* zerstört. Sie «verblödet und wird fett, hässlich und runzlig». Auf dieselbe Weise setzen sich Frauen seiner Meinung nach der Verblödung aus, wenn sie ein Taxi rufen, anstatt ein paar Minuten zu Fuß zu gehen; wenn sie nur Fast Food zu sich nehmen und nicht kochen, wenn sie einen Geruchsvernichter in den Kühlschrank stellen oder endlos lange telefonieren. Wenn sie sich beklagen, dass es in ihrer Umgebung keine tollen Männer gibt, und wenn sie glauben, durch Sex schön zu werden, oder sich selbst als Karrierefrau bezeichnen, ist ihr Gehirn ebenso gefährdet, wie einige der Kapitelüberschriften warnen.

Ōshimas Argumentation steht in einer langen Tradition von moralisierenden Abhandlungen, die scheinbar naturwissenschaftlich untermauert sind. Um die Wende vom neunzehnten zum zwanzigsten Jahrhundert noch galten Frauen in der internationalen Medizinforschung aufgrund der relativen Kleinheit ihres Gehirns als «physiologisch schwachsinnig» und deshalb klar für die Mutterrolle prädestiniert. Es ist hier nicht der Ort, auf die wissenschaftlichen Erkenntnisse und Argumente der Hirnforscher im Einzelnen einzugehen. Ich möchte lediglich auf Wandel und Kontinuität in ihren Schriften hinweisen. Während die Hirnphysiologie vor hundert Jahren von einer Unterlegenheit des weiblichen Gehirns ausging, stellt sie heute bisweilen seine Überlegenheit über das männliche Gehirn fest. Unverändert bleiben die Sorge der männlichen Experten um das Wohl der Frauen sowie ihre Neigung, aus «objektiven» naturwissenschaftlichen Erkenntnissen moralische Anforderungen abzuleiten. Ist es bei Paul Julius Möbius (1907) die natürliche Berufung des «physiologisch schwachsinnigen Weibes» zur Mutterschaft, so leitet Ōshima eine ganze Reihe von Verhaltensweisen ab, die Frauen angeblich schaden. Eines seiner Argumente ist, dass es den weiblichen Gehirnrhythmus zerstört, am Vormittag zu schlafen. Aus seinen wissenschaftlichen Erklärungen geht nicht hervor, warum er sich dann hauptsächlich über den Umstand entrüstet,

Der beliebteste Sitzplatz ist am Rand. Dort versucht man, vor dem Einschlafen eine stabile Position einzunehmen.

dass die Frauen mit offenen Beinen und Mund, mit zerzausten Haaren und schnarchend in den Zügen schlafen.

Meinen eigenen Beobachtungen zufolge achten die meisten Frauen und Mädchen darauf, mit geschlossenen Beinen und in einer einigermaßen stabilen Position zu schlafen. Normalerweise haben sie eine Handtasche auf dem Schoß, verschränken die Arme darüber und lehnen den Kopf nach vorn oder zur Seite, wenn sie ihn nicht mehr aufrecht halten können. Frauen mit geöffneten Schenkeln habe ich kaum gesehen. Dies geschieht praktisch nur, wenn sie offenbar in Tiefschlaf versunken oder betrunken sind und keinerlei Kontrolle mehr über ihren Körper haben. Einige (besonders jüngere) Frauen sitzen mit übergeschlagenen Beinen im Zug, vermutlich um zu vermeiden, dass sich ihre Schenkel unvermittelt öffnen. Dennoch dürfte der mögliche Kontrollverlust ein Problem darstellen. Findige Geschäftsleute suchten in den frühen zwanziger Jahren Abhilfe zu schaffen. Sie produzierten Handtaschen, die sich die Frauen auf den Schoß stellen sollten. Seitlich waren herunterklappbare Stützen angebracht, um die Oberschenkel zusammenzuhalten. Diese Erfindung wurde im Fernsehen beworben, konnte sich aber angeblich nicht durchsetzen. Ein Problem war, dass viele Frauen, die mit dieser Vorrichtung eingeschlafen waren, plötzlich an ihrer Station aufwachten, ohne an die Tasche zu denken, schnell hinausspringen wollten und dabei stolperten.

Männer haben demgegenüber weniger Hemmungen, sich breitbeinig hinzusetzen und eventuell auch den Kopf zurückzulehnen, was dazu führt, dass einige beim Schlafen den Mund öffnen und zu schnarchen beginnen. Letzteres gehört allerdings auch bei Männern nicht zum guten Ton. Für Frauen ist es aber unerhört, wenn sie eventuell mit offenem Mund dasitzen und schlafen. Deshalb halten sie eher den Kopf nach vorne gebeugt. Andere vermeiden das Schlafen in der Öffentlichkeit überhaupt. Durch breitgestellte Beine sichern sich die Männer zudem ein gewisses Maß an Stabilität, sodass sie nicht so leicht umkippen. Die Randplätze, wo man sich anlehnen kann, sind die bevorzugten Sitzplätze. Meine Bekannte Takayama Izumi bestätigt meine eigenen Beobachtungen über Sitzhaltungen. Auch sie sucht sich möglichst einen Sitzplatz am Rand, setzt sich mit geschlossenen Beinen hin, stellt ihre Tasche auf den Schoß und lässt den Kopf nach vorne hängen.

Inemuri als soziale Tarnkappe

Nicht alle, die mit geschlossenen Augen in der Bahn sitzen, schlafen. Manche möchten nur ihren Augen etwas Entspannung gönnen, und selbstverständlich fallen die meisten nicht augenblicklich in Tiefschlaf, sobald sie in der Bahn sitzen und ihre Augen schließen. Das Auge ist das einzige Sinnesorgan, das sich ständigen, nicht zu verarbeitenden äußeren Reizen ohne Zuhilfenahme von Geräten einigermaßen entziehen kann. Es genügt, die Lider zu schließen. Alle anderen Sinne – Geruchs-, Gehör-, Tastsinn – können nur mit entsprechendem Aufwand vor der Umwelt geschützt werden; das Gehör etwa durch Ohrstöpsel oder Kopfhörer. Vertieft in eine Lektüre oder beim Schreiben von E-Mails über das Mobiltelefon (das Telefonieren selbst ist in öffentlichen Verkehrsmitteln verboten) ist die soziale Aufmerksamkeit auch eingeschränkt, aber nicht so deutlich wie beim Schlafen.

Oft schließt jemand die Augen auch, um sich schlafend zu stellen. Dafür gibt es eine eigene Bezeichnung: *Tanuki neiri* (wörtlich: Dachsschlaf). Mit Hilfe von *inemuri* kann man sich «sozial tot» machen, wie es der Anthropologe David Plath formuliert. Das heißt, *inemuri* ermöglicht, sozial quasi abwesend zu sein, oder präziser, sich unsichtbar zu machen. Ich möchte deshalb *inemuri* in dieser Funktion als eine «soziale Tarnkappe» bezeichnen. Nicht von ungefähr werden auch dem *tanuki* (Dachs) in der japanischen Erzähltradition magische Kräfte, vor allem Verwandlungsfähigkeit, zugeschrieben. Wer schläft, kann selbstverständlich die Umgebung nicht oder nur eingeschränkt wahrnehmen. Vorausgesetzt dass *inemuri* selbst akzeptiert ist, gelten deshalb Schlafende für ihr Verhalten als nicht oder nur sehr eingeschränkt verantwortlich. Für diese soziale Funktion spielt es zunächst keine Rolle, ob jemand vom physiologischen Standpunkt aus gesehen schläft oder lediglich die Augen geschlossen hat. Wichtig ist, ob sie oder er im Dafürhalten der Anwesenden schläft.

Im Hinblick auf die «soziale Tarnkappe» gleicht das Schlafen dem Betrunkensein, anhand dessen ich meinen Gedankengang erläutern will. Es ist bekannt, dass ein paar Gläser Bier oder Sake erotische Annäherungsversuche erleichtern. Von japanischen Angestellten heißt es sogar, dass sie beim gemeinsamen Trinken am Abend ihre Vorgesetzten kritisieren können. Zumindest theoretisch können Betrunkene alles tun oder sagen, ohne dafür Sanktionen fürchten zu müssen, denn der Alkohol, und nicht der / die Betrunkene, gilt als der Verursacher des Fehlverhaltens. Der Musikwissenschaftler und Japanologe Ury Eppstein erzählte mir, dass bei seinem ersten Japanaufenthalt in den frühen sechziger Jahren ein hoher Alkoholgehalt im Blut sogar als Entschuldigungsgrund bei einem Autounfall galt. Das ist heute nicht mehr so, es gilt 0,0 Promille am Steuer. Insbesondere seit Sommer 2002 wurden die Strafen drastisch verschärft (300 000 Yen nicht nur für den Lenker, sondern für jeden Einzelnen im Auto!), was sehr schnell Wirkung gezeigt hat. Der Anthropologe Brian Moeran schränkt die Auffassung von einer vollkommenen Befreiung von adäquatem sozialem Verhalten ein: Alkoholkonsum sei eine komplizierte Angelegenheit. Es wäre naiv zu glauben, dass am nächsten Tag wirklich alles vergessen und verziehen ist. Während der Feldforschung unter Töpfern erkannte er sehr bald, dass selbst stark Betrunkene sich sehr genau merkten, wer was zu wem sagte. Diese Streitereien wurden zwar am Tag nicht erwähnt, aber beim nächsten nächtlichen feuchtfröhlichen Zusammensein wurden die Diskussionen wieder fortgesetzt, wobei mögliche Verletzungen und Kritiken sehr wohl eine Rolle spielten. Es ergaben sich zwei Gesprächsebenen im Dorf, eine bei Tag und eine bei Nacht; letztere hauptsächlich unter Alkoholeinfluss.

Mittlerweile wissen auch junge, engagierte Angestellte, dass diejenigen, die die Aufforderung zum *bureikō* (Trinkgelage, bei dem alle sozialen Hierarchien und Höflichkeiten beiseite geschoben werden) wörtlich nehmen und tatsächlich frei von der Leber weg ihren Chef kritisieren, nicht zu den schnellen Aufsteigern gehören, so der Anthropologe Sumihara Noriya. Sie tun also, als ob sie sich gehenlassen würden, haben sich aber sehr wohl unter Kontrolle. Moeran macht deutlich, dass gemeinsames Trinken eine wichtige Gelegenheit für das Besprechen von Konflikten ist, die tagsüber nicht laut ausgesprochen werden können. Es handelt sich also um ein sehr diffiziles Spiel, für dessen Beherrschung ein Gespür entwickelt werden muss.

Angebliches Betrunkensein erleichtert ein direktes Aussprechen emotional komplizierter Sachverhalte nicht in erster Linie deshalb, weil die eigene Hemmschwelle gesunken ist. Betrunkene dürfen darauf vertrauen, dass ihnen ein Verstoß gegen Anstandsregeln unter Alkoholeinfluss bis zu einem gewissen Grad verziehen wird, weil die anderen um die Beeinträchtigung der sozialen Selbstkontrolle durch Alkohol wissen und diese in die Beurteilung des Verhaltens mildernd mit einbeziehen. Dafür genügen schon ein, zwei Schluck Bier. Das Entscheidende ist die Tatsache, dass allen in der Runde bewusst ist, dass der Alkoholkonsum die Gruppe in eine sozial besondere Situation versetzt, nicht die toxische Wirkung des Alkohols selbst.

Die Tarnkappe *inemuri* funktioniert natürlich auf eine etwas andere Weise als der Alkohol. Niemand wird aggressiv; doch man kann oft beobachten – um beim Beispiel der erotischen Annäherung zu bleiben –, dass Schlafende in der U-Bahn ihren Kopf auf die Schulter der Nachbarin oder des Nachbarn legen. Ich habe sehr viele Schläfer beobachtet und dabei bemerkt, dass die meisten achtgeben, dies nicht zu tun. Ich möchte so weit gehen zu behaupten, dass die Schlafenden, die ihren Kopf an die Schulter (oder sogar den Schoß) der Nachbarin oder des Nachbarn legen, ihr eigenes Verhalten meistens akzeptieren. Man soll es zwar nicht tun, aber es ist sehr angenehm, sich gehenzulassen. In einer Gesellschaft, in der Körperkontakt bei der alltäglichen sozialen Kommunikation weitgehend vermieden wird, können Fahrgäste gewissermaßen im Schlaf die Wärme und Behaglichkeit menschlichen Körperkontaktes «stehlen». Dabei denken sie nicht an eine Fortdauer der Beziehung. Sie müssen keinerlei Verantwortung für eine solche übernehmen und keine Sanktionen fürchten. Das Schlimmste, was ihnen passieren kann, ist, dass ihnen die Schulter entzogen wird. Manche tun es auch absichtlich als eine kaum sanktionierbare Form sexueller Belästigung. In den vergangenen zehn, fünfzehn Jahren wurde das Thema sexuelle Belästigung am Arbeitsplatz, beim kollegialen Zusammensein und in den öffentlichen Verkehrsmitteln medial ausführlich diskutiert. Dadurch entstand ein Bewusstsein dafür, dass das Angreifen der Brüste oder des Gesäßes von Frauen kein Kavaliersdelikt ist, sondern eine sexuelle Belästigung und einen Angriff auf die Würde von Frauen darstellt. 1998 führte die Diskussion zu detaillierten gesetzlichen Regelungen gegen sexuelle Belästigung. Deshalb ist sexuelle Belästigung mittlerweile geächtet, was aber nicht heißt, dass sie nicht mehr vorkommt. Vor allem Männer um die fünfzig sehen es oft gleichsam als sportliche Herausforderung an, Frauen in Verlegenheit zu bringen. In seinem 1974 erschienenen Buch *Spiel und Japaner* bezeichnet Tada Michitarō das Außerachtlassen von sozialen Regeln als eine traditionell japanische Art des Vergnügens. *Inemuri* ist eine soziale Tarnkappe, die ihnen das erleichtert. Da jeder weiß, dass man im Schlaf die Kontrolle über sich verliert, kann man diesen Umstand ausnutzen, um sich Dinge herauszunehmen, die man im sozialen Alltag eigentlich

Benimm-Poster der Edan-Bahngesellschaft. Das Wortspiel auf dem Plakat heißt: *Ukkari kataomoi wa dokkiri kataomoi* (sich in eine einseitige Zuneigung fallen lassen bedeutet eine erschreckend schwere Schulter).

nicht tun darf. So wie es nicht die Schuld des Betrunkenen, sondern des Alkohols ist, wenn Ersterer sich danebenbenimmt, so ist auch nicht der Schlafende, sondern der Schlaf selbst dafür verantwortlich, dass man sich ungebührlich benimmt.

Diese These wurde mir mehrfach von Japanern bestätigt. Beispielsweise sprach mich im Anschluss an einen öffentlichen Vortrag über das Schlafen auf Reisen bei einer Tagung des Institute for the Culture of Travel am 4. April 1996 ein etwa sechzigjähriger Mann darauf an, was ich über Anstand zu sagen hätte. Ohne meine Antwort abzuwarten, erzählte er mir, dass er sich des Öfteren absichtlich schlafend stelle, um den Kopf auf die Schulter seiner Nachbarin zu legen. Er fand meinen Vergleich mit dem Betrunkensein sehr treffend. Kinoshita Yūko, eine Kollegin an der Kyoto-Universität, erzählte mir eine kurze Begebenheit. Im Zug zwischen Kobe und Kyoto, dessen Bänke als «romantische Sitze» bezeichnet werden, weil sie so eng sind, stieg ein junger, sehr gut aussehender Mann ein und setzte sich auf den freien Platz neben ihr. Da sie müde war, schlief sie ein. Als sie aufwachte, bemerkte sie, dass sie sich an den jungen Mann angelehnt hatte, und dachte peinlich berührt: «Jetzt wird er glauben, dass ich ein Flittchen bin.» Sie war sich also durchaus der Möglichkeit bewusst, dass der junge Mann ihr Verhalten als Annäherungsversuch hätte auffassen können. Die meisten lehnen sich zum Gang beziehungsweise zum Fenster hin, um körperliche Nähe zu vermeiden.

Während meiner Befragungen wurde deutlich, dass junge, hübsche Frauen und Burschen sowohl als Kopfkissen als auch als Schlafende akzeptiert werden oder sogar erwünscht sind. Unbeliebt sind jedoch Männer mittleren oder fortgeschrittenen Alters, so genannte «*oji-san*». Natürlich ist nicht jede und jeder, die/der sich an jemanden anlehnt, darauf aus, diese Person körperlich zu bedrängen, wie ja auch das Beispiel Kinoshita zeigt, aber da die Umgebung schwer beurteilen kann, ob jemand einen Annäherungsversuch macht oder sich unabsichtlich anlehnt, kann diese Form der sexuellen Belästigung nur schwer kritisiert werden. Ebenso wie es nur weniger Schlucke Alkohol bedarf, um als betrunken zu gelten, ist es für die Funktion der sozialen Tarnkappe gleich, ob jemand tatsächlich schläft oder nur die Augen schließt, damit sie sich nicht gesellschaftlich adäquat verhalten müssen. Wie beim Alkohol ist auch beim *inemuri* hier langsam ein Bewusstseinswandel zu erkennen. Frauen bezichtigen Männer, die sich im Schlafen zu sehr an sie lehnen, mehr und mehr auch öffentlich der sexuellen Belästigung.

Derartige Annäherungsversuche sind zwar signifikant, im Grunde spielen sie im Zusammenhang mit der Tarnkappenfunktion jedoch eher eine untergeordnete Rolle. Wenn Menschen einander begegnen, müssen sie auf irgendeine Weise sozial interagieren. Das kann sehr anstrengend sein, zumal in einer Gesellschaft, in der auf korrekte soziale Interaktion sehr viel Wert gelegt wird. Einige stellen sich ganz bewusst schlafend, um sozialen Anforderungen nicht entsprechen zu müssen. In den Nahverkehrsmitteln etwa gebietet es der Anstand aufzustehen, wenn Schwangere oder ältere Menschen zusteigen. In der Anonymität kann man es zwar auch in Kauf nehmen, unhöflich zu sein; wenn man jedoch die Augen zumacht, also sozial unsichtbar wird und dadurch quasi nicht existiert, entzieht man sich dem Konflikt von vornherein. Die Japaner durchschauen diesen Mechanismus in ihrer Alltagsinterpretation durchaus. Da es aber unhöflich ist, Schlafende aufzuwecken, und man nie sicher sein kann, ob jemand nun tatsächlich schläft oder nicht, werden Schlafende in der Regel nicht gestört. Im Frühjahr 1996 hat die städtische Bahngesellschaft in Tokyo bei einem jährlich stattfindenden öffentlichen Wettbewerb für so genannte Benimm-Poster das auf Seite 154 abgebildete Plakat mit dem ersten Preis ausgezeichnet. Darauf sind in der U-Bahn sitzende, schlafende *tanuki* (Dachse) abgebildet, im Vordergrund steht eine ältere Frau. Daneben steht: «Großstadt-*tanuki*, die in der U-Bahn leben.» Darunter heißt es unmissverständlich in Japanisch und Englisch: «Bitte überlassen Sie älteren und körperlich behinderten Personen die Sitzplätze.»

Im Fernverkehr – zumal bei reservierten Plätzen – werden Höflichkeiten wie das Überlassen des Sitzplatzes nicht erwartet. Hier allerdings droht die Gefahr, dass man vom Nachbarn oder von der Nachbarin in ein möglicherweise stundenlanges Gespräch verwickelt wird. Da Gespräche im Allgemeinen mit dem Austauschen der Visitenkarte, also dem Preisgeben der Identität, beginnen, führt eine zwanglose Unterhaltung möglicherweise dazu, dass man sich bald nicht mehr entspannen kann, sondern entsprechend der neuen sozialen Beziehung zu verhalten hat. Durch das Schließen der Augen kann man sich dem entziehen und eine Privatsphäre schaffen. Ganz allgemein gehört *inemuri* aber sozusagen zum Zugfahren dazu. Reisende gehen davon aus, dass sie zum Beispiel im

Tanuki neiri; Siegerposter in einem Wettbewerb der städtischen Bahngesellschaft in Tokyo von Muranaga Yutaka.

Hochgeschwindigkeitszug Shinkansen zuerst etwas essen, dann eventuell noch ein bisschen in einer Zeitschrift oder Arbeitsunterlagen blättern und spätestens nach einer halben Stunde schlafen werden.

Schlafen als soziale Tarnkappe ist auch in Arbeitssituationen möglich. Allerdings nur dann, wenn man prinzipiell bei der Arbeit schlafen darf. Ob man schlafen darf oder nicht, entscheidet einerseits die Situation selbst, andererseits gibt es eine soziale Hierarchie beim *inemuri*-Dürfen. So lässt man Vorgesetzte in einer Sitzung selbstverständlich schlafen, wohingegen diejenigen, die sich noch am unteren Ende der Karriereleiter befinden, mehr Engagement zeigen müssen. Diejenigen an der Spitze der Hierarchie können Schlafen auch als soziale Tarnkappe anwenden. Ein Generaldirektor einer großen Firma erklärte gegenüber Sumihara Noriya, dass er sich in Sitzungen öfters schlafend stelle, denn seine Anwesenheit sei ansonsten zu «schwer» und würde die jüngeren Angestellten daran hindern, sich in die Sitzung entsprechend einzubringen. Natürlich wären sich die Mitarbeiter dessen bewusst, dass er zumindest zeitweise wach sei, tun aber so, als ob sie sich frei äußerten. Das Instrument des *inemuri* ist somit ein sehr kompliziert zu handhabendes Mittel des Ausbalancierens von Hierarchien und des Zeigens von Engagement.

Voraussetzung für das beruhigte Schlafen im Zug ist nicht nur das soziale Erlaubtsein, sondern auch die Gewissheit, nicht zu verschlafen (*nesugoshi*). Tatsächlich ist dies ein Problem, das beinahe alle betrifft, besonders diejenigen, die einen langen Weg zur Arbeit haben und diesen überwiegend zum *inemuri* nutzen. Denn immerhin ziehen manche Firmen ihren Mitarbeitern einen halben Tag von ihrem Urlaub ab, wenn sie verschlafen und deshalb zu spät kommen. Umgekehrt kommt es teuer, wenn jemand am späten Abend, anstatt nach Hause zu fahren, zwei Stunden außerhalb der großen Ballungszentren wieder aufwacht und den weiten Weg mit dem Taxi zurückfahren oder sich ein Hotelzimmer nehmen muss.

Bemerkenswerterweise wachen die meisten auf, wenn der Name ihrer Station über Lautsprecher verkündet wird, denn während eines oberflächlichen Schlafstadiums erreichen Reize von außen das Bewusstsein. Durch jahrelanges Training reagieren die meisten augenblicklich auf diese Ansagen, so wie Mütter meist aufwachen, sobald ihr Neugeborenes wimmert, während sie bei wesentlich lauterem gewohntem Verkehrslärm ungestört weiterschlafen. Darüber

In den dreißiger Jahren beschreibt Katharine Sansom, wie die Tokyoter Busschaffnerinnen dem Problem des Verschlafens begegneten: «Ihre schrille piepsende Stimme sagt ununterbrochen die Haltestellen an. Sie dankt dir in der höflichen Frauensprache, dass du eine Fahrkarte gekauft hast. Sie sorgt dafür, dass du weder dich selbst noch deine Gepäckstücke zurücklässt; sie weckt dich gebührlich auf, solltest du eingeschlafen sein.» Wann diese Art von Weckdienst in den öffentlichen Verkehrsmitteln abgeschafft wurde, konnte mir auch der Zuständige für Öffentlichkeitsarbeit bei den Japan Railways nicht sagen. Er vermutet, dass die Schaffnerinnen den Sparmaßnahmen zum Opfer fielen und durch Lautsprecherankündigungen ersetzt wurden.

hinaus werden eine Reihe von Weckern entwickelt, die Schlafende kurz vor ihrer Station aufwecken sollen, ohne die Mitfahrenden zu stören. Sie funktionieren durch Vibrieren anstelle von Läuten oder werden ins Ohr gesteckt. Mobiltelefone habe ebenfalls Weckfunktionen und können auf «Anstandsmodus» (vibrieren statt läuten) eingestellt werden. Da an allen Stationen angeschrieben steht, wie viele Minuten es zu den jeweiligen Stationen dauert, und die Züge

In der Station Nagano, Tokyo, wird der Zug ausgesetzt. Während alle anderen Fahrgäste bereits ausgestiegen sind, schläft einer friedlich.

pünktlich sind, dürfte das ein relativ sicheres Mittel sein. Ich habe während meiner Feldforschung allerdings von niemandem gehört, der so einen Wecker benutzte.

An Endstationen kümmert sich meinen Beobachtungen zufolge niemand darum, wenn Einzelne weiterschlafen, während alle anderen Fahrgäste aussteigen. Bevor die Türen aber endgültig geschlossen werden, geht ein Schaffner durch den Zug, um sie behutsam aufzuwecken.

Schlafende Parlamentarier

Dass viele die oft langen Fahrtzeiten von und zum Arbeitsplatz zum Schlafen ausnutzen, wenn sie erschöpft sind, ist auch nach mitteleuropäischem Verständnis leicht nachzuvollziehen. Aber wie passt *inemuri* am Arbeitsplatz in das Bild der fleißigen Arbeitsbienen? Wenn schon lange Schlafenszeiten ein Zeichen für Faulheit sind, wie sehr müsste dann das Schlafen während der Arbeit kritisiert werden? Die schnelle Antwort ist, dass *inemuri* nicht in jeder Arbeitssituation erlaubt ist, sondern hauptsächlich dann, wenn man eher passiv zuhören und sich nur gelegentlich einbringen sollte beziehungsweise für sich selbst arbeitet: in Sitzungen, bei Vorträgen, im Unterricht, in Bibliotheken und dergleichen mehr. Auch dann ist *inemuri* eine ambivalente Angelegenheit. Ich möchte die Haltungen und sozialen Regeln des *inemuri* am Arbeitsplatz anhand der Parlamentarier erläutern, die sich hochdotiert in aller Öffentlichkeit dem Schlummer hingeben.

In der ersten Jahreshälfte 1997 prangerte die Wochenzeitschrift *Shūkan Hōseki* unter dem Titel «Die Todsünden von Politik und Bürokratie, die Japan zugrunde richten» verschiedene Verfehlungen von Vertretern von Politik und Bürokratie an. *Shūkan Hōseki* widmete den ersten Teil der Serie am 13. Februar 1997 dem *inemuri*, was eine lebhafte Diskussion über schlafende Parlamentarier auch in anderen Medien auslöste. Vier Wochen später, am 13. März, berichtete die Zeitschrift über Reaktionen auf den Artikel, und am 1. Mai griff sie das Thema *inemuri* noch einmal kurz auf.

Für den ersten Artikel fotografierten die Journalisten insgesamt 40 Parlamentsmitglieder sozusagen in flagranti. Ein Politiker wurde als schlafend angesehen, wenn sein Kopf mindestens fünf Minuten lang auf dem Pult lag oder kraftlos herunterhing (vgl. Abbildung Seite 159). Bilder von schlafenden Parlamentariern finden sich häufig in Printmedien, und da der NHK Aktivitäten der beiden

Parlamentshäuser regelmäßig ausstrahlt, wenn sie für die «Nation von Interesse sind», wie etwa Regierungsreden, Vollversammlungen und Komiteesitzungen, sind sie auch regelmäßig im Fernsehen zu sehen. *Shūkan Hōseki* ging jedoch einen Schritt weiter. Die Zeitschrift schickte die Fotos mit der Bitte um Kommentar an die Betroffenen. Zehn der angesprochenen Abgeordneten ignorierten diese Aufforderung; doch mehr als die Hälfte nahm die Kritik ernst und reagierte zum Teil sehr ausführlich. Die Antworten können in vier Kategorien eingeteilt werden.

Die häufigste Begründung für das *inemuri* war ein übervoller Stundenplan, der Arbeit bis in die frühen Morgenstunden erforderlich machte. Die Zeitschrift zitiert aus einem zweiseitigen, handgeschriebenen Brief des Abgeordneten Aoki Hiroyuki (Shinshintō-Partei): «Ich achte sehr darauf, nicht einzuschlafen. Aber gerade am Vortag hatte ich mir etwas zum Arbeiten nach Hause mitgenommen und bis drei Uhr morgens damit zugebracht [...]. Deshalb konnte ich lediglich dreieinhalb Stunden schlafen.» Das Magazin fügt Aokis abschließenden Kommentar hinzu: «Obwohl ich nicht bewusst geschlafen habe, habe ich es physiologisch gesehen dennoch getan. [...] Ich werde in mich gehen.» Aokis Argumentation deckt sich mit einer der meistgehörten Erklärungen für *inemuri*. Viele Japaner leiden unter Überarbeitung und Schlafdefizit, deshalb schlafen sie tagsüber ein.

Ähnlich gelagert ist die Reaktion des ehemaligen Innenminis-

Die schlafenden Parlamentarier in der Wochenzeitschrift *Shūkan Hōseki*.

ters und nunmehrigen Vorsitzenden des Budgetausschusses, Ishii Hajime (Shinshintō): «In letzter Zeit arbeite ich ständig fast die ganze Nacht, deshalb bin ich erschöpft. Sie sollten meine Arbeit in den Ausschusssitzungen und dergleichen sehen!» Seine Antwort impliziert, dass die eigentliche Arbeit nicht in der Plenarsitzung im Parlament stattfindet. Dort wird lediglich offiziell bestätigt, was zuvor beschlossen wurde. *Shūkan Hōseki* fasst solche Erklärungen als das altbekannte «Es-ist-lediglich-eine-Zeremonie»-Argument zusammen.

Zweitens rechtfertigten sich zum Erstaunen der Journalisten mehrere der auf Zelluloid gebannten schlafenden Abgeordneten mit einer Erkältung oder sonstigen kurzfristig aufgetretenen Gesundheitsbeschwerden, die sie sich aufgrund von Überarbeitung zugezogen hatten. Die Sekretärin des ehemaligen Leiters des Büros des Ministerpräsidenten, Etō Takami, erklärte: «An diesem Tag hatte Herr Etō beinahe 39 Grad Fieber. Dennoch überwand er sich und nahm an der Vollversammlung teil. Es ist wirklich bedauernswert, dass er am Ende eingeschlafen ist.» Andere behaupteten, sie hätten Medikamente zu sich genommen, um eine Erkältung zu unterdrücken. Diese hätten jedoch den unangenehmen Nebeneffekt, müde zu machen, und so seien sie unverhofft eingeschlafen. Trotz der edlen Bemühungen, auch mit angeschlagener Gesundheit noch dem Staatsdienst nachzugehen, wurden sie vom «Schlafdämon» überwältigt.

Drittens fühlten sich einige, wie der frühere Leiter des Umweltbüros, Ōjima Tadamori, genötigt, das *inemuri* zu dementieren: «Ich habe nur die Unterlagen studiert. Ich habe nicht geschlafen.» Die Zeitschrift kommentiert sarkastisch: «Es ist fraglich, ob jemand die Kunst beherrscht, mit geschlossenen Augen seine Unterlagen zu lesen.»

Die vierte Kategorie von Abgeordneten fand es nicht wert, ihr *inemuri* zu kommentieren. «Ja, er schläft eindeutig, na und?», heißt es aus dem Büro des LDP-Abgeordneten Sumi Hiroshi mit Blick auf das Foto. Der wütende Kommentar der Sekretärin von Kawazaki Jirō (LDP) lautet: «Sie können publizieren, was Sie wollen, aber wir unsererseits sind nicht verpflichtet, darauf zu reagieren.» Und die Reaktion aus dem Büro des ehemaligen Generalsekretärs der LDP, Obuchi Keizō, liest sich wie folgt: «Es gibt keine Notwendigkeit, auf eine derart eigenartige Frage zu reagieren.»

Dieser erste Artikel löste bei der Leserschaft von *Shūkan Hōseki* und auch in anderen Medien angeregte Diskussionen aus. Nicht alle waren geneigt, die Entschuldigungen zu akzeptieren. In Briefen an *Shūkan Hōseki* brachten viele ihre Wut darüber zum Ausdruck, dass die Parlamentarier sie für dumm verkaufen wollten und für das Schlafen bezahlt werden. Und sie verdienen nicht schlecht. Laut Berechnungen der Wochenzeitschrift betragen die Gesamtkosten für die Vollversammlung des Unterhauses circa 250 Millionen Yen pro Tag, nach damaligem Umrechnungskurs knapp 1,8 Millionen Euro, im Oberhaus 170 Millionen Yen (1,2 Millionen Euro).

Zunächst änderte sich nichts am tatsächlichen Verhalten. Dann jedoch formierten sich 45 junge Abgeordnete der LDP, der Partei mit den meisten Schläfern, zu einer von ihnen als «*inemuri*-Aufwecktruppe» benannten Aufsichtsgruppe mit dem Ziel, dieses «beschämende Verhalten» zu unterbinden. Sie teilten sich in vier Gruppen, die jeweils Vormittags- oder Nachmittagsschichten übernahmen. Wenn ein älterer Kollege während einer Sitzung im Begriff war einzuschlafen, ging ein Mitglied der Aufwecktruppe zu ihm und fragte höflich: «Herr Abgeordneter, sind Sie müde? Wir haben Tee zubereitet», und nahm seinen Platz ein. *Shūkan Hōseki* berichtete darüber in der Ausgabe vom 13. März und machte sich lustig. Die Truppe sei symptomatisch für die japanische Politik, lächerlich und oberflächlich. Sie setze sich mit keiner der Ursachen auseinander, warum die Politiker müde werden und ihre Arbeit nicht verrichten, für die sie gewählt und bezahlt werden.

Shūkan Hōseki berichtet von einer weiteren Reaktion auf die Kritik des *inemuri*. Matsunaga Hikaru, ein Exekutivmitglied des Budgetausschusses, bat zwei ältere schlafende Mitglieder seines Ausschusses, ob sie so freundlich sein wollten, ihren Platz für einige Zeit jüngeren Kollegen zur Verfügung zu stellen, damit diese Erfahrungen sammeln könnten. Andere erschöpfte altgediente Politiker fragten die Jüngeren von sich aus, ob sie sie nicht für ein oder zwei Sitzungen vertreten würden. Die Zeitschrift reagierte mit Entsetzen über «dieses niedrige Niveau» und verglich es mit dem so genannten *daihen*, der verbreiteten Praxis an Schulen und Universitäten, dass sich ältere Studierende im Unterricht von ihren jüngeren Kollegen vertreten und als anwesend eintragen lassen, um positiv abzuschließen. *Dai* ist die Abkürzung von *dairinin*, «Stellvertreter», und *hen* von *henji*, «Antwort». Es kommt sogar vor, dass Studierende andere – in diesem Fall ihre älteren Kollegen – bezahlen, schriftliche Prüfungen für sie zu absolvieren, was ebenfalls *daihen* genannt wird.

Den einfachsten Weg, der Kritik am *inemuri* zu begegnen, fand der ehemalige Postminister Sekitani Katsutsuga. Anlässlich einer Sitzung der Liberaldemokratischen Partei am 18. Februar, während der auch das Budget des japanischen öffentlich-rechtlichen Rundfunks (NHK) diskutiert wurde, legte er den anwesenden NHK-Vorstandsmitgliedern nahe, keine Bilder von schlafenden Abgeordneten mehr auszustrahlen. Sekitani blieb trotz Kritik bei seiner Meinung und beklagte sich bei *Shūkan Hōseki*, dass ihn seit der Veröffentlichung des Artikels jedes Mal, wenn er in seinen Wahlkreis fahre, seine Unterstützer darauf ansprächen, ob er tatsächlich so viel schlafe. «Wenn ich sehr erschöpft bin, dann übermannt mich sicherlich manchmal der Schlaf, aber ich habe selbst während meiner Zeit als Minister nie *inemuri* gemacht. Wenn ich das einmal mache, dann wird es behandelt, als täte ich das unzählige Male.» *Shūkan Hōseki* ließ sich von dieser Kritik nicht beeindrucken: Am 1. Mai desselben Jahres veröffentlichte die Wochenzeitschrift eine Rangliste der «ambitioniertesten» Schläfer. Den ersten Platz erreichte Obuchi Keizō, der später zum Premierminister aufstieg.

Auch nach dieser Serie setzte der Fotograf von *Shūkan Hōseki* sein «*inemuri*-Parlamentarier-Beobachten» fort. Am 6. August 1998, eine Woche nach der Einsetzung des ersten Kabinetts Obuchi, schrieb die Zeitschrift: «Während die meisten Abgeordneten für das Problem des *inemuri* sensibilisiert sind, kümmert sich einer überhaupt nicht um die Kritik.» Der Artikel beinhaltet 13 Schnappschüsse des schlafenden neuen Premierministers aus dem vergangenen Jahr.

Die angeführten Reaktionen der Parlamentarier zeigen verbreitete Haltungen gegenüber dem *inemuri* bei der Arbeit. Auch in Japan wird grundsätzlich Aufmerksamkeit und aktive Teilnahme an der Arbeit erwartet. Das Schlafen am Arbeitsplatz macht im Allgemeinen eher den Eindruck, man wolle sich von der Arbeit drücken, sei träge und faul, wie ja durch die Missbilligung des Schlafens der Abgeordneten seitens *Shūkan Hōseki* und der Öffentlichkeit deutlich zum Ausdruck gebracht wird. Die Antworten zeigen jedoch auch, dass es möglich ist, das Schlafen durch vorhergehenden Arbeitseinsatz sowie durch Krankheiten zu entschuldigen, insbesondere wenn diese durch die Arbeit verursacht sind.

Die Abgeordneten gehören sicher nicht zu den Müßiggängern. Plenar- und Parteiversammlungen, Ausschuss- und Studiensitzungen nehmen viele Stunden in Anspruch. Darüber hinaus müssen sie sich durch Lesen und Konsultationen mit Beamten und Fachleuten inhaltlich auf diese Sitzungen vorbereiten. Es wird von ihnen erwartet, ständig mit ihrem Heimatwahlkreis und ihren Unterstützungsgruppen in Kontakt zu stehen, durch das ganze Land zu reisen und Reden zu halten. *Inemuri* kann also als Zeichen von

Überarbeitung gewertet werden. Fleiß, das heißt, ausdauernd zu arbeiten, wird moralisch als eine sehr positive Eigenschaft angesehen. Japaner sind stolz darauf, dass sie als fleißiger gelten als die Menschen aller anderen Länder dieser Erde. Doch auch Bescheidenheit ist eine Zier, denn «der Nagel, der herausragt, wird hineingeschlagen», wie das Sprichwort heißt. Man darf deshalb nicht mit dem eigenen Fleiß prahlen. Daraus ergibt sich, dass raffinierte Methoden gefunden werden müssen, um soziale Anerkennung für den eigenen Fleiß zu erhalten. Bei Tag einzuschlafen ist eine solche Methode, da in Japan die Bereitschaft groß ist, *inemuri* als Auswirkung großen Arbeitseinsatzes zu werten. Ein Familienvater, der das halbe Wochenende schlafend verbringt, zeigt damit nicht einen Mangel an Familiensinn. Vielmehr überzeugt er die Umgebung davon, dass er sich während der Woche mit übergroßem Arbeitseinsatz für die Familie aufopfert und deshalb gar nicht anders kann, als am Samstag und Sonntag – beispielsweise auch während einer Schulveranstaltung der Kinder – zu schlafen.

Es ist bereits deutlich geworden, dass die im Durchschnitt kürzeren Schlafenszeiten allerdings nicht auf das Konto der Arbeit, sondern der Freizeit gehen. Die Abgeordneten scheinen auch dabei

Am 16. März 1994 schreibt der Journalist Kurimoto Shin'ichirō in der Zeitschrift *SPA!* unter dem Titel «Anthropologie der Abgeordneten»:

«Die Debattenbeiträge, Anfragen und alles andere werden bereits vor der Sitzung ausgeteilt [...] Natürlich werden die Abgeordneten schläfrig, wenn sie Erklärungen über Gesetzesvorlagen anhören, bei denen Zustimmung und Ablehnung schon von vornherein festgelegt sind. [...] In der Plenarsitzung sind die Abgeordneten nichts weiter als Abstimmungsmaschinen für bereits Entschiedenes. [...] Nicht nur in der Plenarsitzung, auch in den Kommissionssitzungen sind die Rollen von Fragen und Antworten bereits vorher verteilt.»

Inemuri während einer Sitzung der Budgetkommission am 23. Januar 2003. Vorne rechts schläft der Premierminister, er ist allerdings nicht der Einzige (*Shūkan Posuto*).

keine Ausnahme zu sein, obwohl es keine statistischen Daten gibt, die dies untermauern könnten. Besonders bekannt für seinen exzessiven Freizeitkonsum und für *inemuri* war Obuchis Nachfolger als Premierminister, Mori Yoshirō (April 2000 bis April 2001). Dessen Nachfolger, Koizumi Junichirō, mit einem guten Gespür für die Stimmung im Land, beeilte sich zu versichern, dass er *inemuri* im Parlament ablehne. Aber auch er wird immer wieder dösend von der Kamera erwischt (vgl. Abbildung oben).

Das «Es-ist-lediglich-eine-Zeremonie»-Argument hat einen wahren Kern. Der Hauptzweck der Plenarversammlung besteht darin, zuvor Verhandeltes zu beschließen. Deshalb ist auch das Argument, die eigentliche Arbeit geschehe nicht im Parlament, leicht nachvollziehbar. Ein Abgeordneter erfüllt bereits durch seine Anwesenheit im Plenarsaal des Hohen Hauses den wichtigsten Teil seiner dortigen Aufgabe, das Zustandebringen des erforderlichen Abstimmungsquorums. Anders gesagt gilt in diesem Fall die Anwesenheit am Arbeitsplatz als Arbeit, unabhängig davon, was die oder der jeweilige Abgeordnete konkret tut. Auch bei Sitzungen, Vorträgen und ähnlichen Veranstaltungen wird das Bemühen, anwesend zu sein, höher bewertet als die Ergebnisse dieser Bemühungen. Wie mir gegenüber ein Informant treffend formulierte: Wir Japaner fühlen uns dem olympischen Geist verpflichtet. Dabeisein zählt!

Mit einer anders gelagerten Argumentation läuft auch der Hinweis auf gesundheitliche Beeinträchtigung auf eine Entschuldigung wegen harter Arbeit außerhalb der Sitzungen hinaus. Krankheit ist eine der wenigen gesellschaftlich akzeptierten Entschuldigungen, von der Arbeit fernbleiben zu können. Die Anthropologin Ohnuki-Tierney weist darauf hin, dass Japaner zwar oft zögern, ihren Urlaub in Anspruch zu nehmen, beim Krankenstand aber weniger Zurückhaltung an den Tag legen. Ich selbst konnte das auch mehrmals beobachten. Wer trotz Krankheit die Anstrengung auf sich nimmt, an einer Sitzung teilzunehmen, demonstriert damit Fleiß, Pflichtbewusstsein und Opferbereitschaft. Krankheit, zumal wenn sie auf Überarbeitung zurückzuführen ist, also ein nicht vom Vergnügen verursachter Schwächezustand, erlaubt zu dösen, wenn man eigentlich arbeiten sollte.

Mit dem Hinweis, dass sie trotz Krankheit und Einnahme von Medikamenten an der Sitzung teilgenommen haben, implizieren die Parlamentarier, dass sie ihr Äußerstes gegeben haben. Wenn sie daher aufgrund ihrer Erkältung oder sonstiger Gesundheitsprobleme letztendlich eingeschlafen sind, ist das nicht ihre Schuld. Der Schlafdämon hat sie überwältigt und trägt damit die Verantwortung. Beobachter sollten vielmehr berücksichtigen, dass die Abgeordneten trotz ihrer Unpässlichkeit zur Arbeit erschienen sind, und sie für ihren Einsatz loben. Darüber hinaus finden die Vollversammlungen des Unterhauses normalerweise am Dienstag, Donnerstag und Freitagnachmittag statt, wenn die Leistungskurve auf dem niedrigsten Niveau ist. Der chronobiologische Rhythmus verstärkt also das Schlafbedürfnis.

Im Bemühen, sich darzustellen, als würde man sich trotz Krankheit und Schwäche zwingen zu arbeiten, zeigt sich noch ein weiterer moralischer Wert, der in Japan besonders stark ausgeprägt ist: Es ist ein Zeichen von Stärke und moralischer Größe, sich selbst und die eigenen Gefühle unter Kontrolle zu halten. Durch das Überwinden der eigenen Triebe und Bedürfnisse geht man moralisch und geistig gestärkt hervor, man ist von positiver Energie erfüllt. Eine Person, die unfähig ist, die eigenen Emotionen zu unterdrücken, gilt hingegen als verantwortungslos. Dies bezieht sich auch auf den Schlaf. Insbesondere langes Schlafen am Morgen zeugt von moralischer Schwäche. Tagesschlaf kann ebenfalls als Zeichen moralischer Schwäche bewertet werden. Vermag der Schläfer jedoch überzeugend zu vermitteln, dass er wegen der Strenge sich selbst gegenüber und der daraus resultierenden Überarbeitung und Schlafdeprivation krank geworden und eingeschlafen ist (was ja nur allzu menschlich ist), wird sein *inemuri* nicht nur toleriert, es kann auch als Indiz für die menschlich-moralische Größe gelten. Jedenfalls ist dies die Logik, die hinter dem Hinweis auf die Krankheit steht.

Es ist nicht ganz nachzuvollziehen, warum die Journalisten die Problemlösung, ermüdete, ältere Politiker durch jüngere zu ersetzen, so heftig kritisieren, handelt es sich doch dabei um eine weit verbreitete, allgemein akzeptierte und geschichtlich bis zu den Anfängen schriftlicher japanischer Quellen nachzuweisende Praxis. Schon im Altertum ließen sich manche Würdenträger von ihren Kollegen vertreten, wenn sie Besseres zu tun hatten. Bei vielen Berufsgruppen gibt es eine lange Tradition, dass junge Menschen im Namen ihres Lehrmeisters oder ihrer Lehrmeisterin ihre berufliche Tätigkeit ausüben. Handwerker werden erst nach etwa zehn Jahren zu einer als vollwertig geltenden, erwachsenen Person, die selbständig arbeiten darf. Auf dieselbe Weise leiten auch erfahrene Lehrer ihre jüngeren Kollegen an. Das alles hat zunächst nichts damit zu tun, dass die jungen Leute eine Arbeit verrichten müssen, die eigentlich ihre Chefin oder ihr Chef erledigen sollte. Diese Tätigkeit unter der Aufsicht und Verantwortung einer erfahrenen Person gilt vielmehr als Teil der Berufsausbildung und ist im Gegenteil ein großer Vorteil, sich etablieren zu können. Das heißt natürlich nicht, dass ein derartiges Verhältnis von den Chefs nicht auch ausgenutzt werden kann und oft tatsächlich ausgenutzt wurde und wird.

Auf verschiedene Arten ist es in weiten Bereichen üblich, sich von jemandem vertreten zu lassen beziehungsweise umgekehrt etwas im Namen von jemandem anderen zu tun. Der Widerspruch wird übersehen. Ebenso wie das *inemuri* selbst ist dieses «etwas anstelle von jemandem anderen tun» eine gesellschaftlich akzeptierte, informelle Möglichkeit, die an eine soziale Position gestellten Ansprüche zu erfüllen, ohne sich dabei zu überfordern, das *honne* (die wahren Gefühle) mit dem *tatemae* (nach außen hin sichtbares, sozial erwünschtes Verhalten) in Einklang zu bringen.

In einem Interview macht der Universitätslehrer Masagata aus Sapporo unabsichtlich deutlich, dass sich im Grunde das *inemuri* im Parlament nur in einem Punkt vom *inemuri* während einer Sitzung an der Hokkaidō-Universität unterscheidet: Beide Gruppen werden vom Staat bezahlt (wenn auch in unterschiedlicher Höhe), um – unter anderem – an Sitzungen teilzunehmen. Aber während die Universitätslehrer unter sich bleiben, können die Parlamentarier über das Fernsehen von den Leuten beobachtet werden:

«Wir Universitätslehrer halten regelmäßig Sitzungen ab. Wer vom Thema nicht betroffen ist, muss nichts sagen. Wenn du etwas zu sagen hast, dann hörst du zu; obwohl manche auch dann nicht zuhören. Anschließend fragen sie dann, was los war. Jedenfalls schlafen viele; es ist wirklich langweilig. [...] Sogar im Parlament schlafen sie. Vielleicht ist es da auch langweilig, und die Diskussionen haben nichts mit ihnen zu tun. Meiner Meinung nach ist es sehr unhöflich, vom Staat Geld zu bekommen und zu schlafen. Am liebsten möchte ich zu ihnen sagen: ‹Hört ordentlich zu!› Das wird sogar im Fernsehen übertragen!»

Die zitierte Reaktion einiger Abgeordneter auf die Fotos von *Shūkan Hōseki*, offensichtliches Schlummern zu leugnen oder das Veröffentlichen von Bildern schlafender Abgeordneter zu unterbinden, wie dies der ehemalige Postminister versucht hat, scheint zwar der Gipfel an Zynismus und Arroganz gegenüber der Wählerschaft zu sein, tatsächlich weist diese Reaktion aber am deutlichsten auf das Wesen des *inemuri* hin. *Inemuri* wird so lange toleriert, als es übersehen oder nicht explizit als Schlafen und mangelndes Engagement gewertet werden kann. Die Zeitung *Shūkan Hōseki* hat mit ihrem Artikel, und mehr noch mit der Bitte um einen Kommentar zu den Bildern, ein ungeschriebenes Gesetz gebrochen: Die Anwesenheit am Arbeitsplatz wird als Arbeit angesehen, ganz egal, was man dort tut. Das funktioniert aber nur so lange, als niemand explizit darauf hinweist, dass man schläft, anstatt zu arbeiten. Denn die Ambivalenz in der Einschätzung des *inemuri* erlaubt einen großen Spielraum in der Interpretation des Verhaltens. Solange jemand Haltung bewahrt, kann er / sie immer behaupten, sich besonders auf die Geschehnisse zu konzentrieren, wozu das Schließen der Augen hilfreich ist.

Trotz derartiger Versuche durch die Medien, die Gewohnheit des *inemuri* zu unterbinden, kann insgesamt festgestellt werden, dass bei der Bewertung des öffentlichen Schlafens die Meinung vorherrschend ist, dass es zwar nicht sehr anständig und höflich ist, wenn jemand in Anwesenheit anderer beziehungsweise während einer Zeit, zu der er / sie eigentlich aktiv sein sollte, schläft; aber da das Schlafen als Folge vorausgehender Anstrengungen gilt, wird es toleriert. Allerdings wurde nicht zuletzt durch die Artikelserie und die anschließende Debatte auch in anderen Medien das Problembewusstsein gerade bei den Parlamentariern erhöht. Im Januar 2001 wurden neue Richtlinien für das Verhalten im Parlament ausgegeben. Darin stand unter anderem auch, dass *inemuri* zu unterlassen sei.

Einschläfernder Unterricht

Der Zeitverwendungsstudie des NHK von 2005 zufolge schlafen Oberschüler unter der Woche im Schnitt sieben Stunden sieben Minuten pro Nacht, wobei es allerdings sehr große Unterschiede gibt. Diejenigen, die viel lernen, kommen selten auf mehr als sechs Stunden, während die anderen durchaus acht oder mehr Stunden im Bett verbringen. Mehrere Studien brachten zutage, dass sich wegen der einheitlichen Unterrichtsbeginnzeiten die Aufstehzeiten im Laufe der Schulkarriere nicht wesentlich ändern. Aber die Jugendlichen gehen immer später ins Bett: Bei einer Klasse von Sechzehnjährigen, die ich im Februar 2006 selbst befragte, ging niemand vor 23 Uhr schlafen, die meisten etwa um Mitternacht, einige aber auch wesentlich später, um ein oder zwei Uhr früh. Dadurch verkürzt sich natürlich auch die Schlafdauer radikal. Besonders diejenigen, die sich auf die Aufnahmeprüfung in eine stark umkämpfte Universität vorbereiten, sind angehalten, möglichst wenig Zeit zum Schlafen zu verwenden. Der Spruch «*yontō goraku*» (vier durchkommen, fünf durchfallen), der die erlaubte Schlafenszeit angibt, bei der eine Schülerin oder ein Schüler die Aufnahmeprüfung noch bestehen kann, erfreute sich lange Zeit allgemeiner Bekanntheit. Die darin ausgedrückte Haltung ist weit verbreitet.

Darüber hinaus ist deutlich, dass die Unterschiede der Schlafdauer innerhalb eines Jahrganges sich mit zunehmendem Alter vergrößern; diejenigen, die keine Ambitionen auf eine Bildungskarriere haben, schlafen in der Nacht wesentlich mehr als ihre ambitionierten KollegInnen. Am Wochenende sind die Unterschiede besonders extrem. Denn am Wochenende versuchen viele Jugendliche, den versäumten Schlaf wieder aufzuholen (seit 2002 gilt an allen Schulen die Fünftagewoche).

Studie von Shinkoda Harumi u. a. (2000), bei der 512 Schüler und Schülerinnen in der Stadt Shimonoseki in Kyushu über ihre Schlafenszeiten Auskunft gaben. (M = mean; das heißt der Durchschnitt der Befragten ohne die Extreme. SA = Standardabweichung; je größer die Zahl, desto größer sind die Unterschiede innerhalb der Gruppe).

	Zahl der Befragten	Zubettgeh-Zeit (h:min) wochentags		Aufstehzeiten (h:min) wochentags		Schlafdauer (h:min) wochentags		Schlafdauer (h:min) Wochenende	
	(n)	M	SA	M	SA	M	SA	M	SA
Grundschule									
1. Klasse	(14)	21:12	57	6:43	26	9:31	57	10:43	60
2. Klasse	(21)	21:05	45	6:49	22	9:32	61	10:34	41
3. Klasse	(25)	21:16	24	6:46	25	9:30	23	10:29	74
4. Klasse	(28)	21:33	50	6:46	20	9:14	39	10:19	136
5. Klasse	(41)	21:39	40	6:48	17	9:10	45	10:20	93
6. Klasse	(41)	22:06	38	6:49	16	8:43	38	10:12	102
Mittelschule									
7. Schulstufe	(64)	22:44	49	6:51	26	8:07	50	9:43	113
8. Schulstufe	(62)	23:06	52	6:55	18	7:49	55	8:47	117
9. Schulstufe	(34)	23:42	76	7:00	28	7:20	66	9:11	120
Oberschule									
10. Schulstufe	(73)	23:41	52	6:48	31	7:07	57	9:30	169
11. Schulstufe	(46)	23:56	55	6:41	37	6:46	64	9:13	186
12. Schulstufe	(63)	24:07	79	6:52	29	6:46	76	9:17	142

Den fehlenden Nachtschlaf holen die Jugendlichen nicht nur am Wochenende nach. Nach einem anstrengenden Tag in Schule und *juku* (private Lerninstitute) ist eine Ruhepause notwendig, bevor man mit Hausaufgaben und Lernen beginnen kann. Eine Untersuchung von über tausend Mittel- und Oberschülern aus den Präfekturen Fukushima und Okayama ergab, dass etwa 50 Prozent von ihnen zumindest einmal pro Woche einen Nachmittagsschlaf halten, wobei die Tendenz mit zunehmendem Alter steigend ist und nicht wenige täglich nachmittags schlafen. Über 30 Prozent tun das nach 17 Uhr, einige noch wesentlich später, wodurch sich die nächtliche Schlafphase deutlich verschiebt und verkürzt. In einer anderen von Medizinern durchgeführten Fragebogenuntersuchung in der Präfektur Akita, im Norden Japans, geben knapp 20 Prozent der Oberschüler an, dass sie mindestens zweimal wöchentlich einen Nachmittagsschlaf halten. (Akita ist im innerjapanischen Vergleich eine der Präfekturen mit den längsten Schlafenszeiten.) Mir erzählten viele von einem ähnlichen Rhythmus und davon, dass die Mutter sie in der Nacht wecke, ihnen Tee und einen Imbiss hinstelle, damit sie in Ruhe lernen können. Früh aufstehen, einen Nachmittagsschlaf halten und bis spätabends lernen ist besonders während der Prüfungszeiten vorherrschend. Dieser Rhythmus scheint ein festes Schlafmuster für Schüler zu sein, die die Aufnahme in eine gute höhere Schulstufe oder Universität anstreben.

Mütter versuchen, ihre Kinder von allen anderen Verpflichtungen zu befreien, damit sie sich auf das Lernen konzentrieren können. Natürlich schlafen viele Jugendliche dabei immer wieder ein. Ein entscheidender Vorteil, während der Nacht zu arbeiten, ist die Ruhe. Wenn alle anderen schlafen, können sich die jungen Leute besser auf ihre Studien konzentrieren. Sie können aber auch die Hälfte der Nacht mit Fernsehen, Computerspielen oder anderen Vergnügungen, selbst außer Haus, verbringen. Denn sie werden von ihren Eltern vielfach nicht kontrolliert. Trotz des kurzen Nachtschlafs müssen sie sich an die vorgegebenen Zeitstrukturen von Schule und anderen Institutionen anpassen und täglich dem Unterricht beiwohnen. Um den Jugendlichen Pünktlichkeit beizubringen und ihnen den Übergang von der Nachtruhe zum Unterricht zu erleichtern, setzen die meisten Schule vor dem Unterrichtsbeginn Aktivitäten wie Sport, Morgenappell oder individuelles Lesen an. Es ist aber auch für japanische Jugendliche unmöglich, zwanzig Stunden am Tag aktiv zu sein und zu lernen. Die 1964 geborene Iwami Emiko (Präfektur Chiba) erinnert sich an das Jahr, in dem sie sich als so genannte *rōnin* (herrenlose Samurai, also alleine, ohne an einer Schule zu sein) ausschließlich auf die Aufnahmeprüfung vorbereitet hat. Da sie zur zweiten Babyboom-Generation zählt, war es zu ihrer Zeit am schwersten, in eine gute Universität zu kommen. Sie versuchte, mit vier Stunden Schlaf auszukommen, damit ihr möglichst viel Zeit zum Lernen blieb. Sehr effektiv habe sie dann aber nicht gelernt, da sie sich kaum konzentrieren konnte. Derartige Erfahrungen lassen dann auch so manche Zweifel an der Sinnhaftigkeit von Schlafreduktion und nächtlichem Lernen bei den Müttern aufkommen. Eine 46-jährige Frau aus Ōmiya (Präfektur Saitama) drückt diese auf der Titelseite der *Asahi Shinbun* am 15. März 1997 so aus: «Meine Tochter, die die Oberschule besucht, sagt zu mir: ‹In letzter Zeit schlafe ich nicht, weil ich so viel für die Prüfungen lernen muss.› Als ich ihr deshalb das Abendessen ins Zimmer bringe, schläft sie auf ihrem angesabberten Schulbuch.»

Herr Nagamatsu erzählt von seinen Töchtern und sich selbst:

«Unsere Kinder sind auch eine Zeit lang in der Nacht aufgestanden, um zu lernen. Nachdem sie von der Schule nach Hause kamen, schliefen sie. Dann standen sie wieder auf und lernten, und gegen drei Uhr früh gingen sie schlafen. Wenn sie am folgenden Tag einen Test hatten, sagte ich zu ihnen: ‹Steht lieber früh am Morgen auf! Ihr müsst die stärkste Zeit in der Früh ausnutzen. Wenn ihr euch diesen Rhythmus angewöhnt, werdet ihr zu Abendmenschen und könnt euch in der Früh nicht konzentrieren. Ihr hört besser damit auf. Lernt am Tag, auch wenn ihr noch so müde seid, und geht am Abend früh schlafen. Dann seid ihr am Vormittag voll da.› Bei mir war das allerdings auch so ähnlich. Ich bin um drei Uhr von der Schule nach Hause gekommen; dann habe ich geschlafen. Zum Abendessen bin ich wieder aufgestanden und bis vier oder fünf Uhr in der Früh aufgeblieben. Darauf habe ich wieder bis circa sieben Uhr morgens geschlafen. Ich habe also zwei, drei Stunden geschlafen und bin wieder in die Schule gegangen. So war mein Leben während der Oberschulzeit. Tagsüber, das heißt am Morgen, konnte ich mich überhaupt nicht konzentrieren. Ich habe darüber nachgedacht und bin draufgekommen, dass das nicht das Richtige ist. Es ist wohl besser, den Schlaf auf einmal zu nehmen.»

Ungeachtet derartiger Kritik und eventueller Überlegungen, ob dieser Rhythmus Sinn macht, scheint er in Japan als selbstverständlich zu gelten. Da alle einem solchen Rhythmus folgen, ist es für Einzelne auch schwer, ihn zu ändern oder auch nur ernsthaft zu hinterfragen. Auch bei Studierenden an den Universitäten ist er häufig zu beobachten, obwohl diese wesentlich weniger Stress haben. Bei Berufstätigen findet dieser Schlafrhythmus sich kaum, selbst wenn sie nur wenig schlafen. Mir selbst war es zunächst nicht nachvollziehbar, warum die Kinder aufgefordert waren, den Nachtschlaf zu verkürzen, wenn sie dann nicht nur einen Nachmittagschlaf hielten, sondern sogar im Unterricht des Öfteren einnickten. Gerade in der Pubertät und während Phasen gesteigerter geistiger Aktivität erhöht sich der Bedarf an Schlaf als Voraussetzung für körperliches Wachstum und Informationsverarbeitung. Durch Schlafentzug werden Immunsystem und Gedächtnisleistung beeinträchtigt. Der Effekt durch das Verkürzen des Schlafens und den Leistungsdruck ist also genau das Gegenteil dessen, was sie sich erhofft hatten. Insbesondere irritierte mich an diesen Beobachtungen, dass das Opfern des Nachtschlafes als tugendhaft angesehen wurde, während gleichzeitig das *inemuri* praktisch keine Diskussionen hervorrief. Wenn schon das Schlafen im Futon oder Bett als Zeichen von Faulheit bewertet wird, um wie viel mehr müsste dann das Schlafen im Unterricht als Vernachlässigung der Pflichten gelten. Wenn ich selbst spätabends noch Hausaufgaben zu machen hatte, kritisierte mein Vater das mit den Worten: «Am Abend wird die Faule fleißig.» Beide Eltern erachteten es als wesentlich wichtiger, ausgiebig zu schlafen, um sich für den kommenden Test konzentrieren zu können, als noch schnell die letzten Wissenslücken zu füllen. Wie also passen diese Beobachtungen mit dem Bild der Japaner als Arbeitsbienen zusammen? Welchen kulturellen und sozialen Sinn macht das in Japan? Wenn man bedenkt, dass die Schule der wichtigste Ort ist, Arbeitshaltungen zu vermitteln, stellt sich auch die Frage nach den Werthaltungen, vor allem in Bezug auf Arbeit, Arbeitsethik und Zeitverwendung, die hier vermittelt werden. Und was sagt das über das Schlafen, vor allem, was sagt das über die soziologischen Unterschiede zwischen Schlafen im Bett und *inemuri*?

Schlafmuster und die Ziele der Erziehung

Japan ist eine so genannte Bildungsganggesellschaft. Für die Aufnahme in eine große Firma, die neben einer sicheren Anstellung und Aufstiegschancen auch eine Reihe von Sozialleistungen bietet, ist es notwendig, eine gute Universität absolviert zu haben. In eine solche kommen wiederum fast nur diejenigen, die eine gute Oberschule besucht haben; dafür ist der Besuch einer guten Mittelschule Voraussetzung. Je höher die Schulstufe, desto heftiger wird der Konkurrenzkampf. Die Übergänge sind jeweils durch Aufnahmetests gekennzeichnet, die ein sehr umfangreiches Faktenwissen abfragen. Da seit dem Ende der neunziger Jahre geburtenschwache Jahrgänge in das Studienalter kommen, ist der Wettkampf um Studienplätze zwar weniger dramatisch, gleichzeitig haben aber die Eltern das Gefühl, das Niveau und das Engagement der Lehrkräfte an den öffentlichen Schulen seien sehr stark gesunken, weswegen sie ihre Kinder möglichst in eine private Mittelschule geben wollen, wofür die Kinder zum Teil schon in der Grundschule zusätzlich Unterricht nehmen, um die Aufnahmeprüfungen dahin zu schaffen. Das Bildungsniveau insgesamt ist sehr hoch, über 95 Prozent eines

Jahrgangs absolvieren die Oberschule. An die 55 Prozent besuchen auch eine Universität oder ein College. Gleichzeitig sind aber die Niveauunterschiede zwischen den Schulen teils sehr groß, was sich natürlich auch auf die Berufschancen auswirkt. Gute Universitäten und Oberschulen sind solche, die sich erfolgreich um die Weitervermittlung ihrer Studierenden kümmern. Das heißt auch, dass die Zugehörigkeit zu einer bestimmten Schule und die Möglichkeiten, die diese für die Zukunft bietet, mindestens ebenso wichtig sind wie das Gelernte selbst. Ähnlich wie bei den Parlamentariern hat die Schule deshalb zum Teil auch zeremoniellen Charakter.

Der Unterrichtsstil der einzelnen Schultypen gestaltet sich sehr unterschiedlich. Zunehmend entwickelt er sich von einem ganzheitlichen, kindzentrierten, spielerischen Lehren in der Grundschule zu einer fast reinen Wissensvermittlung in der Oberschule. Dort ist die wichtigste Aufgabe der Lehrer, die Schüler dabei zu unterstützen, ihre Textbücher zu bewältigen. Die Aufnahmeprüfungen sind dafür verantwortlich, dass sich die Lehrer strikt an die Lehrbücher halten, da diese – und nur diese – den äußerst umfangreichen Prüfungsstoff beinhalten. Darüber hinausgehendes Wissen, Hintergründe und Zusammenhänge sind nicht gefragt. Sehr viele Jugendliche besuchen zusätzlich eine der zahlreichen *juku*, die Hilfestellung beim Meistern des Stoffes in kleineren Gruppen bieten und gezielter auf die Prüfungen vorbereiten. Da diese Schulen privat geführt werden und unter einem großen Wettbewerb stehen, ist das Lehrpersonal dort wesentlich engagierter. Der Unterricht findet meistens in Kleingruppen statt, die Kinder und Jugendlichen finden diesen weit interessanter als den regulären Schulunterricht. Dort wird nicht geschlafen. Viele dieser privaten Schulen sind dem Lehrplan mit der Stoffvermittlung um Monate voraus. Am Abend und am Wochenende müssen die Jugendlichen sowohl für die Schule als auch für die *juku* Hausaufgaben erledigen und die zahlreichen Fakten auswendig lernen. Allein durch den Schulunterricht

Inemuri im Unterricht an der Präfekturuniversität Fukuoka.

könnten sie sich das nicht merken. Wenn sie aber dann den Stoff aufgrund der *juku* bereits beherrschen, bringt ihnen der Schulunterricht nicht mehr viel Neues, und durch das nächtliche Arbeiten werden sie im wenig abwechslungsreichen Unterricht schläfrig.

Der Frontalunterricht an Schulen und Universitäten ist nicht nur durch die Art des Prüfungsstoffes, sondern auch durch die Schülerzahl von meist über vierzig Personen und durch kleine Klassenzimmer an Mittel- und Oberschulen bedingt. Selbst wenn Lehrer es wollen, ist es schwer für sie, alle Schüler aktiv einzubeziehen oder den Stoff in Gruppen erarbeiten zu lassen. Sie stellen nur kurze Wissensfragen, um zu sehen, ob die Jugendlichen etwas gelernt haben. Viele Lehrer sind deshalb froh, wenn einige schlafen, sodass sie sich mit denjenigen, die interessiert sind, intensiver auseinandersetzen können. Jedenfalls ziehen sie das Schlafen dem Schwätzen vor, durch das die ganze Klasse gestört würde. Schüler sind selbst dafür verantwortlich, ob sie vom Unterricht profitieren oder nicht; wenn sie schlafen, stören sie nicht. *Inemuri* wird von Schülern wie Lehrern und Eltern oft nicht bewusst als Schlafen im Sinne von mentaler Abwesenheit vom Unterricht wahrgenommen und deshalb nicht problematisiert. Die Akzeptanz für das Schlafen der Kinder ist zwar von Person zu Person unterschiedlich, aber im Allgemeinen so groß, dass sie von den meisten Lehrern nicht geweckt werden. Diesen ist bewusst, dass die abendliche *juku* und das nächtliche Lernen gerade bei den besonders fleißigen Kindern zu Übermüdung führt. In der Schule zu schlafen wird damit beinahe zu einem Beweis für spätnächtliches Lernen. *Inemuri* wird deshalb nicht nur weitgehend toleriert, die Schüler werden auch oft bedauert, weil sie so erschöpft sind. Die Jugendlichen können sich dieses Erklärungsmuster klug zunutze machen. Ijiri Yūka, eine 1962 geborene Frau aus der Präfektur Kyoto, erzählte mir, sie habe sich im Unterricht in Mittel- und Oberschule immer schlafend gestellt, wenn sie nicht vorbereitet war oder die Hausaufgaben nicht gemacht hatte. Ihre Lehrer hätten sie dann nicht drangenommen.

Da die Erklärung, *inemuri* werde vom nächtlichen Lernen verursacht, allgemein anerkannt ist, funktioniert sie auch dann weitgehend, wenn die Lehrer im Grunde wissen, dass die Schläfrigkeit nicht nur durch das Lernen, sondern auch durch das stundenlange Fernsehen, Internet-Surfen und Telefonieren bedingt ist. In jüngster Zeit kommt es in dieser Hinsicht zu sehr weitreichenden Veränderungen, die von Erwachsenen mit Sorge beobachtet werden. Die schlechte Arbeitsmarktlage zeigt den Jugendlichen, dass sie keineswegs mehr von einer lebenslangen Anstellung mit guten sozialen Bedingungen ausgehen können, selbst wenn sie sich nur auf ihre Prüfungen konzentrieren und einen guten Studienplatz erreicht haben. Außerdem ist durch die geburtenschwachen Jahrgänge der Konkurrenzkampf geringer, sodass sie auch mit schlechteren Leistungen an eine relativ gute Universität kommen können. Gleichzeitig sind die Eltern zunehmend verunsichert, wie viel Freiraum sie ihren heranwachsenden Kindern geben sollen. Mütter verstehen sich als ihre Freundin, wollen ihnen vertrauen, die Privatsphäre achten und ihnen Freiräume geben. Weil die Grenzen dessen, was vor zehn Jahren noch als unschickliches Verhalten gegolten hat (gefärbte Haare, zu lange Stirnfransen, Masturbation), so eng waren, geht das Pendel jetzt ins andere Extrem. Tage- und nächtelanges

Wegbleiben von zu Hause (*petit iede*) und Schülerinnenprostitution (*enjo kōsai*) sind zu verbreiteten Phänomenen geworden. Aber auch mit harmloseren Vergnügungen wie einem Fest in einer *karaoke box* oder beim informellen Treffen in einem rund um die Uhr geöffneten Geschäft, beim Chatten und Telefonieren wird es oft sehr spät, sodass die Jugendlichen am nächsten Tag müde sind.

Ein Grund für das *inemuri* ist aber auch, dass «es bereits eine ausgemachte Sache ist, dass die Schule langweilig ist», wie Informant Matsubara Akira (circa 40 Jahre alt) aus eigener Erfahrung weiß. Deshalb gehen die Schüler schon mit dem Vorsatz hin, zu schlafen. Allerdings gibt es Unterschiede zwischen den einzelnen Fächern. In Japanisch (Muttersprache) und Sozialkunde lasse es sich besser schlafen. Englisch und Mathematik seien weniger geeignet, weil man dabei schreiben müsse. Die Naturwissenschaften liegen etwa dazwischen. Matsubara habe – soweit das noch toleriert war – auch die Schule geschwänzt; meist die erste Stunde am Morgen. Dadurch konnte er länger schlafen und die überfüllte U-Bahn vermeiden. Ein Unterschied zwischen den Fächern in Bezug auf das *inemuri* besteht auch darin, ob sie für die Prüfungen relevant sind oder nicht. Auch für Kinder, die nicht auf eine Aufnahmeprüfung lernen müssen, ist ein Unterricht, der unengagiert möglichst viel Faktenwissen aus dem Lehrbuch vermittelt, äußerst langweilig. Das führt dazu, dass viele einschlafen, auch wenn sie in der Nacht nicht lernen.

Trotz der allgemeinen Toleranz gegenüber dem Schlafen im Unterricht gibt es auch gegenteilige Beispiele. Eine Episode, die bei meinem Informanten und allen Anwesenden auf großes Unverständnis stieß, lautete folgendermaßen: An einer privaten Oberschule kam ein Inspektorenteam, um den Unterricht eines jungen Lehrers zu beurteilen. Währenddessen schlief ein Schüler ein. Der Junge wurde von der Schule verwiesen. Guy Netely, ein englischer Hochschullehrer, mit dem ich diesen Fall diskutierte, war sehr erstaunt, zumal ich zuvor meine Interpretation dargelegt hatte, dass der Schulunterricht zum Teil zeremonielle Funktion habe, was das Schlafen ermögliche. Die Inspektion des Unterrichts sei die höchste Form einer solchen Zeremonie. Wenn sich eine Inspektion ankündige, hole er einfach seine beste Unterrichtsstunde aus der Schublade, und alle Schüler spielten mit. Obwohl die Reaktion der Schulleitung auf das Einschlafen im japanischen Kontext weitgehend unverständlich bleibt, kann sie damit erklärt werden, dass der Schüler damit hervorhebt, dass der Unterricht einschläfernd ist.

Hervorzuheben ist, dass viele einen derartigen Rhythmus als ganz selbstverständlich ansehen. Tag und Nacht beliebig einteilen zu können ist ein Privileg des studentischen Lebens, obwohl der Unterricht am Tag stattfindet und vielfach Anwesenheitspflicht besteht. «Mehr als alles andere», fasst Merry White Arbeitshaltungen zusammen, «zählt hundertprozentige Anwesenheit.»

Mittlerweile, so klagen viele Professoren über die schlechten Manieren der «heutigen Jugendlichen», machen sich die Studierenden nur mehr selten die Mühe, das Schlafen hinter vorgehaltener Hand zu verstecken. Sie legen ihren Oberkörper ganz offensichtlich auf den Schreibtisch. Die Mutter einer Oberschülerin in Osaka berichtet in der *Asahi Shinbun* (22. Juni 2001), dass ihre Tochter selbst im Sommer immer einen dicken Pullover in die Schule mitnimmt. Dieser diene ihr auf dem Pult zusammengelegt als ein bequemes Kopfkissen. Frau Takeda aus Kyoto erläutert die neuesten Trends Anfang November 2002 folgendermaßen: Seit circa einem Jahr ist es üblich geworden, dass die Schüler – bereits ab der dritten oder vierten Klasse Grundschule – ein kleines Handtuch von zu Hause mitnehmen, dieses ordentlich falten und den Kopf darauf legen zum Schlafen. Zu ihrer Zeit hätte man sich noch hinter einem Buch versteckt, um zu schlafen. Aber mittlerweile gehöre es zu den guten Sitten, dass man das Handtuch mitnimmt und ordentlich faltet.

Frau Hideya erzählt:
«Wir [Japaner] nehmen den Schlaf nicht wichtig genug. Deshalb werden wir wohl untertags müde. Daher hat jeder eine ausgefeilte Art zu schlafen gelernt und macht so [sie stützt den Kopf auf die Hand und verbirgt dabei das Gesicht unter dem Arm]. Bei den Vorlesungen an den Universitäten ist es auch so. An japanischen Universitäten, vor allem an Privatuniversitäten, gibt es schon mal 500 Studierende. Dann fällt es nicht auf, wenn jemand hinten schläft. Manche sagen ja, dass sie müde werden, wenn sie die Vorlesung von diesem oder jenem Lehrer hören, und deshalb schlafen. Es gibt viele Studierende, die während der Vorlesungen schlafen, ich habe auch ziemlich viel geschlafen. [...] Das heißt, im Sprachunterricht kommt man dran, da kann man nicht schlafen. Aber wenn jemand einfach eine Vorlesung hält, da schläft man dann. Die ganze Zeit zu schlafen, das wird zu einem gewissen Grad als Volkscharakter verstanden, alle akzeptieren das. Es wird nicht als so etwas Schlechtes angesehen. ‹Der ist aber arm, er kommt wohl von weit her›, oder: ‹Er hat wohl bis spät in die Nacht hinein gearbeitet›, so wird das gesehen.»

Schulfreundschaften

Obwohl sich viele Jugendliche durch ihre dichten Stundenpläne und hohen schulischen und sozialen Anforderungen gestresst fühlen, gehen die meisten im Grunde gerne zur Schule. Fast alle Freizeit- und sozialen Aktivitäten stehen mit der Schule in Zusammenhang. Da sie wegen Sport- und Freizeitclubs sowie zur Vorbereitung von Kulturveranstaltungen den Großteil ihrer Zeit an der Schule verbringen – auch am späten Nachmittag, am Wochenende und während der Sommerferien –, ist praktisch ihr gesamter Freundeskreis entweder an derselben Schule oder an derselben *juku*. Daher ist die emotionale Beziehung zu den Schulfreunden im Allgemeinen stärker als etwa in Mitteleuropa. Mit ihnen verabreden sie sich auch zum Weggehen und führen lange nächtliche Telefongespräche. Die Erziehungssoziologen Rebecca Fukuzawa und Gerald LeTendre haben in ihren langjährigen Forschungen zum Schulalltag an Mittelschulen herausgefunden, dass für über die Hälfte der Schüler der Hauptzweck des Schulbesuches ist, ihre Freundinnen und Freunde zu treffen. Zwar müssen sie den oft langweiligen Unterricht überstehen, aber in den Pausen und während der verschiedenen Aktivitäten können sie Neuigkeiten austauschen, Probleme wälzen und miteinander etwas unternehmen. Deshalb schlafen nicht wenige während des Unterrichts, um anschließend fit für Unterhaltung und Spiel zu sein.

Reif, eigenständig und erwachsen werden: *ganbaru*

Schulbildung ist nicht auf den Frontalunterricht beschränkt. Japanische Pädagogen sehen Charakterbildung und Disziplinierung als zentrale Bestandteile jeder Art von Lernen. Selbstkontrolle und Selbstmanagement sind wichtige Eigenschaften von Erwachsenen, also müssen die Jugendlichen lernen, reif zu werden, Verantwortung für ihre eigenen Handlungen zu übernehmen und Situationen emotional zu bewältigen. Lehrer sollen die jungen Menschen anleiten, indem sie soziale Regeln, korrektes Handeln und Denken zeigen und vorleben. Dies tun sie nicht so sehr im akademischen Unterricht, sondern beim so genannten *homeroom* (das ist die tägliche Stunde mit dem Klassenvorstand, während der alles Mögliche diskutiert wird), beim Vorbereiten von Schulveranstaltungen und vor allem in den Clubs (meist Sport, aber auch Musik, Gärtnern, Basteln und so weiter), an denen fast alle Jugendlichen mehrmals die Woche teilnehmen. Diese Aktivitäten nehmen sowohl die Eltern und Lehrer als auch die Schüler ernster als den Schulunterricht. Der Klassenvorstand ist meist in einem Raum, der für die Schülerinnen und Schüler zugänglich ist, und kann daher leicht auch privat um Rat gefragt werden.

Vom Kindergarten an müssen die Kinder beziehungsweise deren Mütter täglich in ein Mitteilungsheft eintragen, was sie zu Hause gemacht haben. Kindergartenbetreuerinnen beziehungsweise Klassenvorstände ihrerseits notieren ihre Beobachtungen und geben auch bisweilen Kommentare und Kritik ab, wenn sie finden, dass das Kind regelmäßiger schlafen, ausgewogener essen oder mehr draußen spielen sollte. Diese Mitteilungen machen den Kindern und deren Müttern ständig bewusst, welches Verhalten angebracht ist und wie die Zeit außerhalb der Schule verbracht werden sollte. Ziel dieser Mitteilungshefte ist, dass die Kinder bald keine Anleitung durch die Erwachsenen mehr brauchen und internalisiert haben, wie sie sich verhalten sollen.

Dem Anthropologen Thomas Rohlen zufolge ist ein fundamentales Erziehungsprinzip, dass man, um zu reifen und einen starken Charakter auszubilden, lernen muss, Härten zu überstehen und seine Schwächen zu überwinden. Daher haben das stundenlange Sitzen am Schreibtisch bis in die Nacht hinein, das Durchkämpfen (*ganbaru*) durch den umfangreichen Stoff, das Reduzieren von Schlaf sowie das Frühaufstehen einen Wert an sich, unabhängig davon, ob es bei der Aufnahme und Reproduktion von Wissen hilft.

Ein Mittel, Faulheit durch Frühaufstehen zu überwinden und Pünktlichkeit zu erlernen, ist die Radiogymnastik in den Sommerferien. Grundschüler müssen während der Ferien zumindest zehn Tage hindurch täglich um 6:30 Uhr zu einem Park in der Nachbarschaft kommen, um dort gemeinsam mit anderen zehn Minuten Gymnastik zu betreiben. Dafür müssen sie noch früher aufstehen als während der Schulzeit.

Nach Abschluss der Pflichtschulzeit gibt es weder tägliche Mitteilungshefte noch gemeinsames Turnen. Von Oberschülern wird erwartet, dass sie ihre Faulheit unterdrücken können und sich nicht einfach gehenlassen. Sie müssen selbständig früh aufstehen können, auch wenn sie erschöpft sind, und pünktlich in der Schule erscheinen. Sie können auch selbst bestimmen, wann sie zu Bett gehen. Wer viele Stunden lang in der Schule, in der *juku* und beim Studieren zu Hause am Schreibtisch verbringt, um das umfangreiche Wissen in seinen Kopf zu hämmern, hat gelernt, dass Durchhalten und Leiden hilft, die angestrebten Ziele zu erreichen; im Fall der Oberschüler die Eintrittsprüfung in die Universität. Sie brauchen nur noch wenig Anleitung, um die Arbeitsethik zu verinnerlichen und dadurch eine reife und unabhängige Persönlichkeit zu werden.

Das führt zur grundsätzlichen Frage der Evaluierung von Arbeitseinsatz und Leistung. *Ganbaru* (durchkämpfen, sein Bestes geben) zeigt ein Verständnis von Fleiß als eine subjektiv empfundene Anstrengung. Mehr als das objektiv Erreichte spielt die Anstrengung, die man in das Erreichen von Leistungen steckt, eine Rolle. Der Arbeitseinsatz wird daran gemessen, wie viel Energie und Aufwand betrieben wird, und nicht am Ergebnis der Leistung, das heißt, ob diese Energie zielführend eingesetzt wird. Da Begabungen unterschiedlich verteilt sind, hat dieses Verständnis von Fleiß als eine subjektive Anstrengung etwas sehr Beruhigendes für Menschen, die sich nicht so leichttun. Außenstehende können diese subjektive Anstrengung nur indirekt bewerten. Erstens tun sie das anhand der Zeit, die jemand für die Erledigung einer Sache aufwendet. Je mehr Stunden die Bewältigung einer Aufgabe benötigt, desto beeindruckender. Wenn man sich sogar überwindet, in der Nacht aufzustehen, und den Schlaf opfert, beweist man umso mehr Einsatz. Zweitens zeigt sich der Fleiß daran, ob jemand sehr beschäftigt ist. Man wird also tunlichst den Terminkalender vollstopfen und für hierarchisch höher Gestellte sofort, für andere aber erst mit Verzögerung zur Verfügung stehen und alle Dinge offenbar schnell erledigen, zum Beispiel im Büro zum Kopierer rennen. Drittens wird Fleiß aufgrund der vom Arbeiten hervorgerufenen Erschöpfung bewertet. Erschöpfung führt unvermeidlich zu Schlaf. Deshalb kann Schlaf als Beweis für vorhergehenden Arbeitseinsatz und Fleiß angesehen werden.

Diese Haltungen sind nicht neu, wie auch das *inemuri* im Unterricht und die Aufnahmeprüfungen kein Phänomen der Gegenwart sind. Sie haben sich bereits sehr deutlich in den Schulen der Edo-Zeit (1600–1867) herauskristallisiert. Während dieser Zeit entwickelten sich zwei Schultypen, die Daimyatschulen mit Internaten für die Samurai und die so genannten *terakoya*, kleine private «Schulen» im Haus eines gebildeten Samurai, Priesters oder auch Städters (in Edo waren bis zu einem Drittel der Frauen als Lehrerinnen tätig) für die restliche Bevölkerung. Das Bildungsniveau war zu Beginn der Edo-Zeit sehr niedrig, da das Land gerade einen über hundertjährigen Bürgerkrieg hinter sich hatte. Aber gegen Ende der Edo-Zeit hatte sich das stark geändert. Mitte des 19. Jahrhunderts hatten über 50 Prozent der Buben und zwischen 10 und 20 Prozent der Mädchen zumindest grundlegende Lese- und Schreibkenntnisse. Samurai-Männer besuchten oft die Schulen, bis sie 30 waren, allerdings genossen ihre Frauen meist nur rudimentären Privatunterricht, der regional sehr unterschiedlich ausfiel. Die Mädchen aus den Unterschichten konnten oft wesentlich besser lesen und schreiben; vor allem in Edo brachte es Vorteile für die ganze Familie, wenn ihre gebildete Tochter in den Haushalt einer Samurai-Familie aufgenommen wurde. Überhaupt war der Unterricht an den *terakoya* etwas praxisorientierter als der an den Daimyatschulen.

Sowohl der Neokonfuzianismus als auch der Buddhismus, die die Grundlage der Schulbildung darstellten, waren auf Textlesen und Schreiben konzentriert. Die Samurai-Schüler mussten die chinesischsprachigen Texte auf Japanisch lesen können und hunderte chinesische Schriftzeichen aktiv schreiben lernen. Wichtig war, dass sie sich abmühten. Die Texte auch zu verstehen lernten sie erst in einem fortgeschrittenen Stadium. In geschichtlichen Quellen ist das Studieren eine der wenigen Tätigkeiten, wofür es gerechtfertigt erschien, künstliches Licht zu verwenden. In Internaten an den Daimyatschulen weckte man die jungen Samurai bewusst in der Nacht auf, um sie zum Lernen anzuhalten. Noch tugendhafter war es allerdings, wenn sie dafür das Licht des Vollmondes, der Leuchtkäferchen im Sommer oder des Schnees im Winter zum Studieren ausnutzten.

Die Politikerin Yamakawa Kikue notiert in Erinnerungen an das Leben der niedrigen Samurai im Daimyat Mito die Aussage einer Nachbarin über ihren Großvater Aoyama Enju, über dessen Fleiß, Strebsamkeit und Sparsamkeit:

Eines Abends brachte ich ihm einen Gemüseeintopf. Er saß da im Dunkeln und aß. Ich sagte: «Es ist so dunkel, warum machst du kein Licht?» Weißt du, was er antwortete? «Egal wie dunkel es ist, niemand verwechselt seine Nase mit dem Mund. Man braucht kein Licht, um zu essen, aber man braucht Licht zum Studieren. Also spare ich das Licht lieber zum Studium.»

Ernsthaftes Studieren musste mühsam und langweilig sein. Ob jemand dabei einschlief oder nicht, war dabei weniger wichtig. Ganz im Gegenteil, spannendes Vortragen, das die Schüler vom Schlafen abhalten und den Stoff engagiert näherbringen wollte, wurde von einigen Gelehrten beanstandet, wenn auch manche Lehrer durchaus der Meinung waren, dass die Schüler die chinesischen Texte, die sie lasen, auch verstehen sollten.

Eine der seltenen historischen Quellen zum Thema *inemuri* im Unterricht ist der strenge neokonfuzianische Gelehrte Ogyū Sorai (1666–1728), der den neuerdings populären Vorlesungsstil einiger seiner Kollegen kritisiert:

«... Der Vortragende kultiviert eine gut modulierte Stimme, um den Ohren der Zuhörer zu schmeicheln. Die schlimmsten unter ihnen erzählen immer wieder lustige Anekdoten, um Schlafende im Publikum aufzuwecken, und einige Geldgierige gehen beinahe so weit, eine Erhöhung ihrer Bezahlung zu fordern. Diese Praxis degradiert den Charakter des Lehrers und korrumpiert den Intellekt der Studenten.»

Ein Problem ergab sich bei der Evaluierung der Leistungen. Innerhalb des Samurai-Standes herrschte eine sehr ausgeprägte soziale Hierarchie. Es war natürlich unmöglich, dass ein Fußsoldat besser bewertet wurde als der Sohn eines Daimyos, auch wenn Ersterer wesentlich intelligenter war und die gestellten Aufgaben schneller bewältigte. Positionen blieben in der Familie beziehungsweise in der sozialen Schicht. Also führte man nicht nur eine Reihung nach Seniorität ein, sondern bewertete hauptsächlich, ob ein Student regelmäßig am Unterricht teilnahm und seinen Einsatz zeigte, indem er auch in der Nacht aufblieb, um zu lernen. Die Leistungen selbst spielten nur eine untergeordnete Rolle.

Soziale Hierarchien spielten in den kleineren *terakoya* eine wesentlich geringere Rolle. Aber die Textbücher der Buben und Mädchen der Unterschichten vermittelten in Form von chinesischen Aphorismen grundsätzlich dieselben konfuzianischen und buddhistischen Tugenden: Der Schlaftrieb sollte wie der Essens- und Trinktrieb und auch der Sexualtrieb kontrolliert werden. Textstudium bei Tag und bei Nacht war eine wichtige Tugend. Die Kinder mussten die Texte auswendig lesen und schreiben lernen.

Es ist hervorzuheben, dass bei keiner der Anweisungen zum Schlafverhalten ein funktionalistischer Ansatz zu erkennen ist, wonach etwa gerade Kinder viel schlafen sollten, damit sie sich das Gelernte auch merken konnten. Reduktion von Schlaf ist in konfuzianisch und buddhistisch geprägten Texten als Willensakt beschrieben. Schlafen gilt wie Essen, Trinken oder Sex als Vergnügen. Indem die Kinder die Sprüche in ihren Lehrbüchern täglich abschrieben und auswendig lernten, internalisierten sie die Vorstellung, dass eine Reduktion von Schlafenszeit zu moralischer und intellektueller Weiterentwicklung führen würde, bevor sie diese noch verstehen konnten. Der Inhalt bedeutete für sie eine unverrückbare Wahrheit; ob sie alles verstanden hatten, was sie lasen, ist allerdings mehr als ungewiss.

Das *Dōjikyō*, das vom sechzehnten bis ins späte neunzehnte Jahrhundert hinein in den *terakoya* als erstes Lehrbuch verwendet wurde, beinhaltet viele Sprüche, die jeweils aus fünf chinesischen Schriftzeichen bestehen. Die Kinder mussten diese Sprüche auswendig lernen. Deshalb wurden sie bald populär. Ein paar Zeilen, die mit dem Schlafen zu tun haben, lauten:

«Morgens früh aufstehen und die Hände waschen.
– Abends spät schlafen gehen und die Füße waschen.
– Bei Tag und bei Nacht eifrig Literatur studieren.
– Eine Ahle im Schenkel hält den Schlaf ab.»

Die letzte Zeile impliziert, dass der Schüler sich selbst wehtun soll, damit er nicht einschläft, um noch mehr studieren zu können. Sie geht auf das Beispiel des chinesischen Politikers Su Qin (gest. 320 v. Chr.) zurück, der seine Schenkel durchbohrte, damit ihn die Schmerzen wach hielten. Im Film «Die Familie mit dem umgekehrten Düsenantrieb» (Regie: Sōgō Ishii; 1984) bereitet sich der Sohn des Hauses auf die Eintrittsprüfung in die Universität vor und versucht sich vom Schlafen abzuhalten, indem er sich in den Oberschenkel bohrt.

Auch wenn die Kinder und Jugendlichen in der Nacht zum Studieren aufbleiben sollten, Öl oder Kerzen zum nächtlichen Vergnügen zu ver(sch)wenden war nicht tugendhaft und ein Grund dafür, dass die Vergnügungsviertel räumlich und zeitlich streng geregelt waren. Wenn die Jugendlichen von heute in der Nacht zum Vergnügen aufbleiben oder weggehen, dann steht ihr Lebensstil natürlich nicht im Einklang mit den konfuzianischen und buddhistischen Forderungen. Allerdings kam es durch die Freizeiterschließungspolitik der Regierung seit den siebziger Jahren zu einer Umbewertung des Vergnügens. Solange die wesentlichen Aufgaben nicht vernachlässigt werden, steht die zunehmende Hingabe an Freizeitvergnügungen nicht im Gegensatz zur Arbeitsethik (natürlich gibt es innerhalb der Gesellschaft unterschiedliche Meinungen, wie

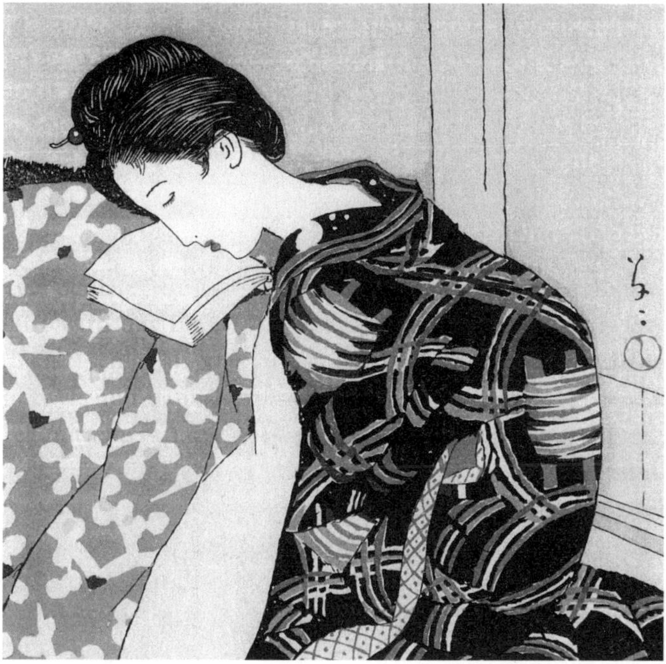

Holzschnitt von Yumeji Takehisa (1884–1936): *Inemuri*.

weit das gehen kann). Sich der Freizeit aktiv hinzugeben ist vielmehr eine Erweiterung des *ganbaru*-Konzepts. Jemand, der ständig beschäftigt ist, sei es durch gesellschaftliche Pflichten oder gesellschaftliche Vergnügungen, wird moralisch höher bewertet. Denn das ist ein Zeichen für die gute Arbeit und soziale Zuverlässigkeit. Niemand möchte jemanden treffen, der jederzeit zu haben ist.

Die Soziologie des *inemuri*

Als ich einmal den Zen-Mönch Matsunami Taiun vom Tempel Daitokuji in Kyoto fragte, ob die Mönche – deren Nachtschlaf aufgrund von asketischen Übungen zeitweise sehr kurz ist – einen Mittagsschlaf hielten, antwortete er: «Nein, Mittagsschlaf halten wir keinen, aber nach dem Essen machen wir meist eine halbe Stunde *inemuri* im Sitzen.» Auch aus dem vorhergehenden Kapitel ist deutlich, dass *inemuri* – unabhängig von seiner physiologischen Qualität – sozial nicht unbedingt als Schlafen angesehen wird, sondern dass seine Besonderheit vielmehr darin liegt, dass die/der Betreffende in einer vom Schlaf verschiedenen Situation sozial anwesend ist und schläft, was ja auch die wörtliche Bedeutung von *inemuri* ist. Was bedeutet «Schlafen in einer anderen sozialen Situation»? Wie ist *inemuri* theoretisch fassbar? Und wie kann man die unterschiedlichen Regeln für das *inemuri* im Zug oder in einer Arbeitssituation verstehen?

In *Behavior in public places* (1963) schreibt Erving Goffman: «Eine allen Situationen gemeinsame Verhaltensregel scheint zu sein, dass alle Beteiligten versuchen müssen, in sie hineinzupassen.» Soziale und kulturelle Kompetenz bedeutet zu wissen, was der jeweiligen Situation angemessen ist, und sich entsprechend zu verhalten. Sich in einer Situation kompetent zu verhalten und seine Aufmerksamkeit darauf zu richten, bedeutet für das Individuum, in ihr «involviert» zu sein. Diese Aufmerksamkeit und daher auch die Involviertheit ist subjektiv. Außenstehende – sowohl in derselben Situation anwesende Personen als auch die Forscherin – beurteilen die Involviertheit anhand von sprachlichen Äußerungen sowie von äußerem Erscheinungsbild und Gesten. Niemand kann es vermeiden, Außenstehenden durch Kleidung, Frisur, Gesichtsausdruck,

Körperhaltung und Gebärden Informationen über sich und seine Involviertheiten in der Situation zu geben. Bei einem Rockkonzert sind ganz andere Kleidung, Frisuren und Verhaltensweisen angemessen als bei einem Vorstellungstermin für eine Büroanstellung. Am wenigsten fällt derjenige (negativ) auf, der sich am besten anpasst. Da sich die Verhaltensregeln für eine bestimmte Situation in den verschiedenen Gesellschaften unterscheiden und im Laufe der Zeit ändern, ist dasselbe Erscheinungsbild sowohl interkulturell und intersubkulturell als auch im Verlauf der geschichtlichen Entwicklung unterschiedlich zu interpretieren. So unterscheiden sich beispielsweise die Verhaltenskodizes des Theaterpublikums in Bezug auf Garderobe, Aufmerksamkeit gegenüber dem Bühnengeschehen, Nebengeräusche, gleichzeitiges Essen und Pünktlichkeit je nachdem, ob es sich um eine Aufführung im Kabukitheater, bei einem indonesischen Wayang kulit (Schattentheater), in einer bayerischen Bauernbühne oder im Wiener Burgtheater handelt. Auch im Burgtheater selbst hat sich das Aussehen und Verhalten des Publikums im Laufe seines Bestehens deutlich verändert. Wenn Unterschiede im sozialen Verhalten konstatiert werden, ist es deshalb oft schwierig zu entscheiden, ob diese auf unterschiedliche Verhaltensregeln zurückzuführen sind oder auf Veränderungen im Grad der Involviertheit selbst.

Goffman stellt fest, dass Menschen die Fähigkeit besitzen, ihre Aufmerksamkeit zwischen Haupt- und Nebeninvolviertheit aufzuteilen. Diese beschreibt er folgendermaßen: «Eine Hauptinvolviertheit absorbiert den wesentlichen Teil der Aufmerksamkeit und des Interesses eines Individuums und bestimmt sichtbar seine hauptsächlichen gegenwärtigen Handlungen. Eine Nebeninvolviertheit ist eine Aktivität, die ein Individuum durchführen kann, ohne die gleichzeitige Beibehaltung der Hauptinvolviertheit zu gefährden oder durcheinanderzubringen.» Als Beispiel für eine Nebeninvolviertheit führt er das Summen beim Nähen an. Es ist ohne weiteres möglich, beim Nähen nebenbei zu summen, ohne das Nähen zu beeinträchtigen.

In der Schlafstatt ist Schlafen daher in jeder Gesellschaft eine selbstverständliche Hauptinvolviertheit. Das gilt sowohl für den Nachtschlaf als auch für die Siesta oder für den Mittagschlaf im Büro, und zwar unabhängig vom jeweiligen Schlafstadium, ob jemand träumt, mit den Zähnen knirscht oder schnarcht. Zum Schlafen als Hauptinvolviertheit gehört auch, in einen Schlafanzug oder andere bequeme Kleidung gekleidet oder nackt zu sein. Die Vorbereitung zum Mittagsschlaf im Büro ist natürlich einfacher: Schuhe und Sakko ausziehen genügt. Während des Schlafes mit den Zähnen zu knirschen, beim Lesen etwas zu knabbern und sich beim gemeinsamen Frühstück im Bett zu unterhalten, sind Beispiele für Nebeninvolviertheiten.

Schlafen beim Zugfahren kann man als eine Nebeninvolviertheit sehen. Denn *inemuri* ist üblicherweise nicht der primäre Zweck, ein Verkehrsmittel zu benützen. Gleichzeitig gefährdet es aber die Hauptinvolviertheit, nämlich die Fortbewegung, nicht. Selbst im Schlaf ist ein Teil des Bewusstseins auf die Fortbewegung ausgerichtet, was daran zu erkennen ist, dass schlafende Fahrgäste Signale, die für sie relevant sind, beachten. So wachen die meisten kurz vor ihrer Endstation auf und steigen aus.

Neben der Differenzierung zwischen Haupt- und Nebeninvolviertheit trifft Goffman eine weitere Unterscheidung, die mit der ersten leicht zu verwechseln ist, nämlich diejenige zwischen der dominanten und der untergeordneten Involviertheit: «Eine dominante Involviertheit ist ein Anspruch, zu dessen Anerkennung das Individuum in einer sozialen Situation verpflichtet ist; einer untergeordneten Involviertheit kann es nur so lange und nur in dem Ausmaß nachgehen, als seine Aufmerksamkeit in der dominanten Involviertheit offensichtlich nicht erforderlich ist.»

Im Unterricht tagträumen oder «ins Narrenkästchen» schauen sind Beispiele für untergeordnete Involviertheiten. Die Augen sind zwar offen und der Körper ist anwesend, aber die Gedanken sind ganz woanders. Die Lehrerin sieht zwar meist, wenn ein paar Schüler vor sich hin träumen oder unter dem Tisch Comics lesen, aber sie wird das in vielen Fällen einfach übersehen. Die Träumer ständig zu motivieren wäre zu anstrengend, auch wenn sie je nach Temperament versuchen wird, die geistig Abwesenden zu involvieren und in die Diskussion einzubinden. Letztendlich sind ja die Jugendlichen selbst dafür verantwortlich, ob sie etwas lernen. *Inemuri* während einer Sitzung oder im Schulunterricht kann als eine solche untergeordnete Involviertheit gesehen werden. Wie ich bereits festgestellt habe, wird *inemuri* mit den chinesischen Schriftzeichen für *i(ru)* (anwesend sein) und *nemuri* (Schlaf, im physiologischen Sinn) geschrieben. Mit dieser Bezeichnung wird die grundlegende Bedeutung des Wortes klar: Während man in der dominanten Involviertheit anwesend ist, praktiziert man gleichzeitig das Schlafen als untergeordnete Involviertheit.

Goffmans Unterscheidungen zwischen Haupt- und Nebeninvolviertheiten sowie zwischen übergeordneten und untergeordneten Involviertheiten helfen uns, *inemuri* theoretisch zu verstehen. Sie machen deutlich, dass es sozial-kulturellen Regeln unterworfen ist, wenn auch diese Regeln nur selten ausdrücklich festgelegt sind. Darüber hinaus wird offensichtlich, dass die Regeln für *inemuri* im Zug andere sind als diejenigen für *inemuri* in einer Arbeitssituation.

Das zentrale Charakteristikum einer *inemuri*-Kultur wie Japan ist, dass Schlafen als untergeordnete Involviertheit gelten kann, während dies in einer Monophasenschlaf- oder einer Siesta-Kultur nicht der Fall ist. In Japan ist *inemuri* unter bestimmten Voraussetzungen erlaubt, solange die aktive Teilnahme in der Situation nicht erforderlich ist. Auch in Monophasenschlaf- und Siesta-Kulturen wird *inemuri* als Nebeninvolviertheit – etwa im Zug oder

Flugzeug – durchaus praktiziert und weitgehend toleriert, nicht aber als untergeordnete Involviertheit, etwa in der Schule. Wenn in jüngerer Zeit das Nickerchen am Arbeitsplatz als strategische Managementmethode zunehmend an Akzeptanz gewinnt, so ist dies aber nicht im Sinne einer untergeordneten Involviertheit, sondern als eine zeitlich und räumlich klar abgegrenzte, institutionalisierte Erholungsphase zu verstehen, während der das Schlafen die Hauptinvolviertheit ist.

Wie Goffman hervorhebt, müssen alle Beteiligten versuchen, in die soziale Situation hineinzupassen und zumindest oberflächlich das respektieren, was allgemein als der eigentliche Zweck der jeweiligen Situation angesehen wird. Auch wird die Involviertheit anhand der Körpersignale interpretiert. Daher muss das Individuum versuchen, sich auch während des *inemuri* an die jeweilige Situation anzupassen. Schlafen kann als untergeordnete Involviertheit gelten und akzeptiert werden, solange sich eine Person körperlich entsprechend den Regeln der formalen Situation verhält. Während des *inemuri* behält man die Kleidung, Frisur und so weiter bei, die der Hauptinvolviertheit angemessen sind. Keine Person entledigt sich ihrer Schuhe, zieht sich einen Pyjama an oder putzt sich die Zähne, bevor sie während einer Sitzung oder im Unterricht eindöst. Zerzauste Haare, ungebändigter Bartwuchs, schlampige Kleidung und unkontrollierter Gesichtsausdruck führen vor allem am Arbeitsplatz zu Kritik. Auch die Körperhaltung muss der formalen Situation angepasst werden. Vor allem für Frauen ist das auch in der anonymen Öffentlichkeit eines Zuges wichtig. Dasselbe gilt für Sabbern und Schnarchen. Da Letzteres nicht nur ein klarer Beweis für das Schlafen ist, sondern auch die Mitmenschen stört, wird es nur in der Privatheit des eigenen Zimmers akzeptiert. Solange eine Person die Kontrolle über ihre Glieder und ihren Körperausdruck behält und keine aktive Teilnahme an der Situation gefordert ist, gilt das Schlafen nur dann als Verstoß gegen soziale Regeln, wenn eigentlich eine aktive Beteiligung an der Situation gefordert ist. Beim *inemuri* versucht man deshalb weitgehend eine stabile Haltung einzunehmen und den Kopf abzustützen, bevor man sich dem Schlummer überlässt.

Die Tatsache, dass die Schläferin oder der Schläfer bei Bedarf in die Hauptsituation zurückkehren muss, bedeutet, dass es keinen garantierten Anspruch auf *inemuri* gibt. Sobald es die dominante Situation verlangt, muss das *inemuri* aufgegeben werden. Untergeordnete Involviertheiten stellen aber eine permanente Bedrohung für das obligatorische Verhalten dar; denn sie können ständig mehr von der Aufmerksamkeit des Individuums absorbieren, als für angemessen erachtet wird, so Goffman. In der Schlafstatt wird demgegenüber das Schlafen zur dominanten Involviertheit. Sie wird deshalb durch die Zurverfügungstellung bestimmter Orte und Zeiten wie auch durch weitgehende Vermeidung von Lärm und anderen Störquellen institutionalisiert und damit geschützt. Der einzige Schutz des *inemuri*, des Schlafens als untergeordneter und Nebeninvolviertheit, ist seine – mehr oder weniger – weitgehende Tolerierung.

Die Augen spielen bei der Beurteilung des *inemuri* eine wichtige Rolle. Geschlossene Lider gelten im Allgemeinen als Indiz für Schlaf, obwohl es möglich ist, mit offenen Augen in einen schlafähnlichen Bewusstseinszustand zu treten, und die Augen zu schließen nicht notwendigerweise bedeutet, dass man schläft. Bei der Kommunikation mit den Augen ist ein wichtiger kultureller Unterschied zu beobachten. Während wir in Europa und Amerika dazu angehalten sind, Gesprächspartnern ins Gesicht zu sehen und Blickkontakt zu suchen, um unsere Aufrichtigkeit und Anteilnahme zu zeigen, ist der direkte Blickkontakt in Japan weit weniger häufig. Japaner richten ihre Augen beim Gespräch eher in Hals- oder Brusthöhe. Beim Besprechen von Problemen ziehen sie es häufig vor, hinter- oder nebeneinander zu sitzen, zu stehen oder zu gehen. Da kein Blickkontakt gefordert ist, sind geschlossene Augen nicht zwangsläufig ein Beweis für Unaufmerksamkeit. Sie können ebenso gut ein Zeichen äußerster Konzentration sein. Vor allem ältere Herren, die einige Zeit mit geschlossenen Augen bei einer Sitzung anwesend sind und dann ihre Augen aufmachen und ihre Meinung mit Bestimmtheit kundtun, verleihen sich damit oft eine größere Autorität. Durch das Ausschalten der optischen Reize kann sich die/der Betreffende ganz auf das Gehörte – sei es ein Konzert, ein Vortrag oder eine Diskussion – einlassen.

Geübte *inemuri*-Praktiker haben für Sitzungen, Vorträge und ähnliche Situationen die Technik entwickelt, die Augen nach dem Aufwachen noch eine Zeit lang geschlossen zu halten und sich aus dieser Position heraus plötzlich zu Wort zu melden. Die Anwesenden können daher nie sicher sein, ob jemand gerade schläft oder konzentriert zuhört. Dies gilt jedenfalls solange keine weiteren offensichtlichen Anzeichen von Schlafen wie Schnarchen und Kontrollverlust über die Körperhaltung oder einzelne Glieder zu erkennen sind oder ihre aktive Teilnahme am Geschehen erforderlich ist. Beim aktiven Erledigen der Arbeit würde das Schlafen eher gegen den Teamgeist verstoßen. Ebenso ist es für Handwerker und Fabrikarbeiter eher möglich, eine Mittagspause zu machen, als während ihrer Arbeit einzunicken. Büroangestellte und Studierende haben eine weitere Möglichkeit, das Schlafen zu verbergen. Sie stützen ihre Stirn auf die am Schreibtisch aufgestellte Hand, verleihen damit dem Kopf Stabilität und geben so vor, mit dem Studium der vor ihnen liegenden Unterlagen beschäftigt zu sein; allerdings müssen sie achtgeben, dass sie die Unterlagen nicht mit ihrem Speichel verunreinigen.

Der breite Interpretationsrahmen bei der Beurteilung von geschlossenen Augen ermöglicht es, auf Kritik am *inemuri* hin zu behaupten, man habe lediglich die Augen zugemacht, um sich besser konzentrieren zu können. Roger Dahl lässt in einem Cartoon in

Eine Japanerin ist im Kaffeehaus Juchheim in Kyoto über ihren Deutsch-Hausaufgaben eingeschlafen. Auf dem Bild wirkt es, als ob sie nur zufällig auf dem Foto die Augen geschlossen hätte oder läse; Buch und Schreibzeug hält sie in der Hand. Sie verharrte etwa fünf Minuten in dieser Pose und hat im anschließenden Gespräch bestätigt, dass sie geschlafen hat.

der *Japan Times* (vgl. Abbildung Seite 200) einen japanischen Sitzungsteilnehmer seinem westlichen Kollegen erklären: «Nur weil ihre Augen zu sind, brauchen Sie nicht zu glauben, dass alle schlafen. Es wird ohne weiteres akzeptiert, wenn wir Japaner während einer Sitzung die Augen schließen, um über das Gesagte zu meditieren. Durch das Schließen der Augen vermeidet man Ablenkung und kann die Energie auf das Diskutierte konzentrieren.» Nachdem der Kopf eines Sitzungsteilnehmers auf den Tisch fällt, fügt er hinzu: «Geistige Konzentration kann sehr anstrengend sein.»

Viele Informanten haben mir erzählt, dass öffentliche Schläfer in den letzten Jahren zunehmend weniger Zurückhaltung üben und durchaus auch sehr offensichtlich in Sitzungen und Vorlesungen *inemuri* praktizieren. Die Entwicklung scheint jedoch nicht in jeder Situation gleichförmig zu verlaufen. Während die Schüler heute ein kleines Handtuch mitnehmen, um ihren Kopf darauf anständig ruhen zu lassen, reißen sich die Parlamentarier zunehmend zusammen, um nicht vor laufender Kamera einzuschlafen.

Das Problem, *inemuri* nur als kleinere Unaufmerksamkeit erscheinen lassen zu müssen, wird dann virulent, wenn die / der Schlafende angesprochen wird, wodurch ihre / seine aktive Teilnahme an der Situation erforderlich wird. Die Kunst besteht nun darin, das Schlafen nicht als solches erscheinen zu lassen und übergangslos an der Situation teilzunehmen. Ein Universitätsprofessor in Kyoto, der früher für die Angelegenheiten der Studierenden zuständig war, musste in dieser Eigenschaft häufig an Sitzungen teilnehmen. Üblicherweise nutzte er die Gelegenheit zum Schlafen, wurde, aber immer wieder um seine Meinung gefragt. Wie er mir lachend erzählte, hatte er natürlich keine Ahnung, worüber gesprochen wurde, und antwortete meist mit «*nakanaka ne*» (das ist so eine Sache) oder etwas Ähnlichem. Die Kollegen nickten daraufhin zustimmend und meinten, dass sie das Problem in diesem Sinne lösen würden. Natürlich war in solchen Fällen bereits ein Lösungskonzept vorhanden, und die Zustimmung des Studierendenanwalts war nur der Form halber notwendig, um die Entscheidung abzusegnen. Ähnlich wie im Fall der Abgeordneten im Parlament hat die Anwesenheit des Studierendenanwalts in diesem Fall überwiegend zeremonielle Bedeutung.

Bisweilen führt mangelnde Aufmerksamkeit allerdings auch zu peinlichen Zwischenfällen: In einem Seminar zum japanischen Mittelalter war ein berühmter Professor eingeschlafen und während eines Redebeitrages über die Rolle der *kokujin* (*kuni no hito*), also der politischen und militärischen Machthaber in den Provinzen, aufgewacht. Verwundert rief er laut aus: «Gab es in Japan damals bereits *kokujin* (Schwarze)? Das wusste ich nicht!» Auch das ist ein Grund, warum geübte *inemuri*-Praktiker nach dem Aufwachen eine Zeit lang die Augen geschlossen lassen, um dann ins Gespräch einzusteigen, wenn sie wissen, worum es geht.

Karikatur von Roger Dahl (*Japan Times* 1999)

Bei der Frage, ob *inemuri* erlaubt ist oder nicht, ist auch die soziale Rolle der / des Schlafenden von entscheidender Bedeutung. Höherrangige werden höchstens hinter ihrem Rücken ausgelacht und kritisiert. Sie haben bis zu einem gewissen Grad Macht darüber, dass das Verhalten zu ihren Gunsten ausgelegt wird.

Ein 48-jähriger Handelsangestellter beschwert sich gegenüber der *Asahi Shinbun*, Abendausgabe 25. Mai 1996:

«Der Sektionsleiter und der Geschäftsführer haben es gut. In der ersten Sitzung nach dem Mittagessen können sie *inemuri* machen. Aber wenn sie aufwachen, dann sagen sie nur: ‹Ich bin müde geworden, weil du so belangloses Zeug daherredest.› Und so schieben sie die Verantwortung für ihr Schlafen auf ihre Untergebenen.»

Die Unterschiede in der Akzeptanz des Schlafverhaltens manifestieren daher ihrerseits soziale Hierarchien und Selbstbewusstsein. Eine Informantin kommentiert, dass die Parlamentarier, die häufig schlafen, vermutlich die mächtigsten sind.

Das Schlafen wird nicht zuletzt deshalb ignoriert, um eine peinliche Situation zu vermeiden. Des Schlafens öffentlich überführt zu werden kann peinlich für den Betroffenen sein, aber auch für den, der auf dieses Fehlverhalten hinweist. Herr Masagata erzählte mir, dass einer seiner älteren, mittlerweile emeritierten Kollegen an der Hokkaido-Universität bei einer Besprechung der Abschlussarbeit eines Studenten unter vier Augen eingeschlafen war. Der Student wusste nicht, wie er sich verhalten sollte. Er saß einfach still und wartete, bis sein Professor wieder von selbst aufwachte. Der Student vertraute sich später Herrn Masagata an, sagte aber weder etwas zum Professor noch zu seinen Kollegen. Es geht bei dem Beispiel nicht um die Frage, warum der Professor einschlief (es könnte sich um einen Fall von Narkolepsie handeln), sondern darum, dass die Situation für den Studenten peinlicher war als für den schlafenden Professor selbst. Masagata hält diesen Vorfall für eine große Ausnahme. Er kann sich selbst nicht vorstellen, wie jemand in so einer Situation einschlafen kann. Nach diesem Interview habe ich allerdings noch weitere ähnliche Geschichten gehört. Ein Professor an der Kansai-Universität in Osaka erzählte mir, er schlafe immer wieder ein, wenn seine Studierenden ein Referat hielten. Eine Professorin an der Keiō-Universität in Tokyo erzählte sogar, dass sie des Öfteren einschlafe, während sie selbst eine Vorlesung halte. Plötzlich merke sie, dass ihre Worte keinerlei Sinn ergeben und sie – wenn auch stehend und mit offenen Augen – eingeschlafen sei. Auf meine Frage, wie ihre Studierenden darauf reagierten, antwortete sie: «Die schlafen auch.» Die Keiō-Universität gehört zu den Universitäten mit den höchsten Studiengebühren und den höchsten Gehältern. Da die Professorin hierarchisch weit über den Studierenden steht, wird sie nicht kritisiert, obwohl sie für ihre Tätigkeit bezahlt wird. Hier zeigt sich wieder der zum Teil zeremonielle Charakter des Frontalunterrichts an diesen elitären Bildungseinrichtungen. Das Beispiel der schlafenden Abgeordneten macht deutlich, dass hauptsächlich profilierte Politiker *inemuri* betreiben, während die Jüngeren nicht nur körperlich fitter sind, sondern auch mehr Engagement beweisen müssen. Erst als die Medien und die Wähler – die die Politiker ja legitimieren – auf *inemuri* und das fehlende Engagement aufmerksam machen, können auch die jüngeren Kollegen ihre Vorgesetzten sanft kritisieren.

Toleranz gegenüber dem *inemuri* wird auch am unteren Rand der sozialen Hierarchien größer, zum Beispiel bei Obdachlosen oder Tagelöhnern. Personen, die nicht als vollwertige Mitglieder der Gesellschaft gelten, können auch nur im beschränkten Maße gegen die Verhaltensregeln verstoßen. Kindern wird zugestanden, dass sie noch lernen müssen, sich wie Erwachsene zu verhalten.

Der *inemuri*-Effekt – Kurzschlafmethoden zum Gescheiterwerden

Acht Stunden Arbeiten, acht Stunden Freizeit, acht Stunden Schlaf, lautet das bekannte Modell für die Tagesverwendung, dem wohl eine gewisse Ästhetik nicht abgesprochen werden kann. Lange Zeit wurde dieses Ideal von den verschiedenen gesellschaftlichen Kräften angestrebt. Tatsächlich scheint heute aber die japanische Gesellschaft, ebenso wie andere postmoderne Gesellschaften, mehr denn je von der Verwirklichung derartiger Zeitstrukturen entfernt.

Die Globalisierung der Wirtschaft und Diversifikation von Beschäftigungsverhältnissen in postindustriellen Gesellschaften sowie der weltweite Einsatz neuer Medien gehen mit einer Aufweichung arbeitszeitlicher und anderer tageszeitlicher Strukturen ein. Neue Selbständige müssen zwar Abgabetermine einhalten, wie sie die Zeit bis dahin einteilen, bleibt aber ihnen überlassen. Täglich 24 Stunden lang werden laufend wichtige Informationen aus aller Welt im Fernsehen gesendet, Wissen aus dem Internet ist jederzeit abrufbar. Geschäftsleute und Politiker müssen oft mehrmals im Monat mehrere Zeitzonen überwinden und ihren Schlafrhythmus immer wieder aufs Neue anpassen. Zahlreiche Geschäfte haben rund um die Uhr geöffnet, um einen immer größer werdenden Kundenkreis auch während der Nacht zu bedienen. Der japanische Kritiker Serizawa Shunsuke konstatiert: «Die Städte haben den Rhythmus von Wachen und Schlafen verloren. Alle Phänomene basieren auf einer Struktur des Nichtschlafens.»

Es ist daher nicht erstaunlich, dass das Forschungsgebiet der Chronobiologie seit den achtziger Jahren weltweit einen Aufschwung erlebt. Forscher aus verschiedenen naturwissenschaftlichen Richtungen haben erkannt, dass es neben dem durch die

Erdrotation bedingten Tagesrhythmus auch subjektive Tages- und Nachtrhythmen sowie zahlreiche andere Körperrhythmen gibt, und versuchen, diese zu ergründen. Ein Verständnis der Abläufe im Körper und ihrer Beziehungen zur Umwelt soll die Menschen auf die genannten Herausforderungen vorbereiten, und gleichzeitig soll dieses Wissen für ihre Gesundheit und ihr Wohlbefinden nutzbar gemacht werden. Es geht darum, die Interessen der Gesundheitspolitiker, der Wirtschaft und der arbeitenden Bevölkerung unter einen Hut zu bringen. Arbeitskräfte sollen flexibel einsetzbar sein, dabei aber gesund bleiben und sich wohlfühlen. Es gibt Versuche, Körperrhythmen zu regulieren und sie unter Kontrolle zu bringen. Konzeptionell ist diese Forschungspolitik eine Weiterführung der Biopolitik der Moderne im Sinne Michel Foucaults. Biopolitik ist das Bestreben, die Körper an die Produktionsprozesse anzupassen und ihre Leistungen zu erhöhen, ohne ihre Unterwerfung zu erschweren. Die Ermüdungsforschungen waren Teil dieser Politik. Im Gegensatz zur Moderne haben sich aber heute einerseits die Arbeitsverhältnisse und Lebensstile verändert, andererseits hat sich auch die biomedizinische Forschung enorm weiterentwickelt. Steve Kroll-Smith hebt hervor, dass heute nicht mehr der müde Körper, sondern der schläfrige, unkonzentrierte Geist im Zentrum der Aufmerksamkeit steht. Dadurch sind die biopolitischen Methoden raffinierter geworden.

Immer mehr Schlafforscher und Geschäftsleute hinterfragen den monophasischen Achtstundenschlaf und preisen verkürzte Nachtschlafzeiten bei gleichzeitigem Einbeziehen kurzer Schlafperioden am Tag als das Schlafmanagement an, das den Bedingungen von Globalisierung und Arbeitsorganisation in 24-Stunden-Gesellschaften angemessen sei. Der Biochemiker und Manager Leon Kreitzman spekuliert in seiner Studie *The 24 hour society*, dass wir Menschen möglicherweise in etwa 30 Jahren die Fähigkeit besitzen werden, unsere eigenen Rhythmen für eine beliebige Kombination an Bedürfnissen zu gestalten. Das amerikanische Militär experimentiert bereits damit, mit Hilfe von Medikamenten die Schlaf- und Wachrhythmen der Soldaten individuell zu regulieren, um sie an die Bedürfnisse nächtlicher Kampfhandlungen anzupassen, ohne dabei Fehlentscheidungen und andere Fehlleistungen zu riskieren. Trotz widriger Umstände müssen Aufmerksamkeit und Kampfwille von Soldaten und Kommandeuren gewährleistet bleiben. Ähnliche Einsatzmöglichkeiten chronobiologischer Kenntnisse über den Schlaf gibt es aber auch im zivilen Bereich. So sollte eine häufige Überwindung mehrerer Zeitzonen bald keinen Jetlag mehr verursachen.

Neben US-amerikanischen und europäischen Wissenschaftlern gehören die Japaner zu den engagiertesten Forschern auf dem Gebiet der Chronobiologie und der Schlafmedizin. Seit den neunziger Jahren wird dieses Wissen vermehrt auch in populären Publikationen verbreitet. Bücher, die Schlafreduzierung und ein neues Zeit- und Schlafmanagement empfehlen, nehmen viel Platz in den Regalen der Buchhandlungen ein. Vor allem um die Mitte der neunziger Jahre gab es jährlich einige Neuerscheinungen zum Thema. Zwei Gruppen von Autoren finden sich hierbei. Einerseits sind es – oft schon pensionierte – Geschäftsleute sowie Leiter von Ethik- oder Frühaufstehvereinen, die die Erfahrungen, die sie im Laufe ihres Lebens sammeln konnten, an die junge Generation weitergeben wollen. Zum anderen melden sich Ärzte und Biologen zu Wort, die versuchen, mit Hilfe neuester medizinischer Kenntnisse auf die aktuellen Bedürfnisse der heutigen «schlaflosen» Gesellschaft einzugehen. Obwohl Schlafen in den Familien hauptsächlich in den Verantwortungsbereich der Frauen fällt, sind alle Autoren dieser Bücher Männer.

Die Geschäftsleute

Ein Beispiel für die erste Gruppe ist der Best- und Longseller *Die Vierstundenschlaf-Methode zum Gescheiterwerden* von Sakai Hiroshi, einem 1921 geborenen Honorarprofessor der Sophia-Universität in Tokyo. Dieses Buch ist 1982 erstmals erschienen und kam 1990 mit einigen Änderungen erneut auf den Markt. Im März 1995 sah ich es bereits im 31. Nachdruck in den Buchhandlungen, und 1997 hat es das Buch auf immerhin 67 Nachdrucke gebracht.

Der Prolog der neuen Ausgabe des Buches, den ich im Folgenden beispielhaft ausführlich analysieren werde, trägt die Überschrift «Die erstaunliche Schlafmethode, die ich entdeckt habe» und schildert die Metamorphose eines zurückgebliebenen, minderwertigen, leidenden Kindes zu einem erfolgreichen, leistungsstarken, aber auch sorgenfreien älteren Herrn, als welcher der Autor auch auf dem Einband vorgestellt wird. Dazwischen liegt die Entdeckung der Schlafmethode, die ihm zu seinen Erfolgen verholfen hat. Gleich im ersten Satz stellt Sakai den Bezug zum Thema Zeit her, indem er sein hohes Alter erwähnt. Sakai legitimiert mit der Angabe seines reifen Alters und dem Hinweis auf seine Erfahrungen das Verfassen eines Ratgebers. Der Einleitungssatz «Wenn ich gerade die Aufmerksamkeit darauf lenke, [stelle ich fest, dass] ich schon ins 70. Lebensjahr komme» impliziert auch, dass die Zeit äußerst schnell und unbemerkt vergeht.

Die Inszenierung seiner Lebensgeschichte wirkt wie ein Ritual. Gleich zu Beginn seiner Geschichte wird er im Alter von einem Jahr schwer krank, eine Katastrophe, die sein späteres Leben prägen wird. Er sagt nicht, welche Krankheit er hatte, hebt aber hervor, dass er ein Jahr lang im Bett verbrachte und offensichtlich so schlecht aussah, dass er zum «Tuberkulose-Kind» (das war früher eine gebräuchliche Bezeichnung für eine schwächliche Konstitution) erklärt wurde. Er konnte erst mit fünf Jahren stehen und musste zunächst von seiner Mutter auf dem Rücken in die Schule getragen werden. Auffallend ist, dass sich die Unzulänglichkeiten in der Kindheit auf physiologische Merkmale beziehen – nur einmal erwähnt er, dass bereits sein Gehirn angegriffen war –, während er sich bei der Beschreibung seiner späteren Jahre nur mit geistigen Fähigkeiten beschäftigt. Aufgrund seiner Feststellung, aus dieser Zeit sei ihm alles genau im Gedächtnis geblieben, und seiner Hinweise auf handwerkliche Fertigkeiten ist aber auszuschließen, dass sich seine Zurückgebliebenheit auf Intellekt und Motorik bezog. Das heißt, die Krankheit selbst konnte keine Auswirkungen auf diese Aspekte seiner Fähigkeiten gehabt haben; er führt sie lediglich an, um den Kontrast zu seinem jetzigen Leben hervorzuheben.

Mit dem Bericht über seine Unzulänglichkeiten als Kind bietet Sakai eine Identifikationsmöglichkeit für Menschen mit Minderwertigkeitskomplexen (wer hat die nicht?). Außerdem liegt folgende Schlussfolgerung auf der Hand: Wenn sogar ein «zurückgebliebenes Kind», wie Sakai es war, mit Hilfe der im Buch präsentierten Methode erfolgreich geworden ist, wie weit wird es dann ein durchschnittlicher Mensch bringen? Durch den – am Leben (oder vielmehr dessen Rekonstruktion) des Autors offensichtlichen – Erfolg wird auch die Richtigkeit seiner Methode «bewiesen». Da für Sakai gewisse Dinge nicht möglich waren, kam es zur «Entwicklung anderer Fähigkeiten» und «einer besonderen Sensibilität», wie er schreibt.

Der Autor stellt Interpretationsmöglichkeiten seiner Lebensgeschichte zur Verfügung, indem er diese mit seiner Lebensphilosophie verbindet. Einen Teil dieser Lebensphilosophie drückt er in Form von Gedichten aus, deren Zusammenhang mit seiner Lebensgeschichte allerdings mehr assoziativ als logisch ist. Mit dem Schlafen haben sie nichts zu tun. Ein Gedicht aus seiner Grundschulzeit erzählt von einer Eichel, die von Menschen in den Boden getreten wurde und nunmehr zu einer großen Eiche herangewachsen ist.

Ebenso – dachte er damals – stecken in ihm, der noch miss- oder verachtet wird, besondere Fähigkeiten; einmal wird er stark verwurzelt und groß sein und seinen Schatten auf andere werfen. Das gibt ihm Selbstvertrauen. Der Autor muss den Wahrheitsgehalt des offenbar aus einem Schulbuch stammenden Gedichtes nicht eigens hervorheben. Das Gedicht wirkt deshalb als Wahrheitsbeweis für den gesamten Text. Daneben zeigt das Anführen der Gedichte die Bildung und Kompetenz des Autors. Die Trennung zwischen Lebensgeschichte und -philosphie erfolgt durch den Wechsel der Sprecherperspektive (erste oder dritte Person). Da der Gebrauch des Subjektes im Japanischen nicht zwingend ist, sind die Übergänge fließend. Dies erleichtert die Gleichsetzung von eigenen Erfahrungen mit der als allgemein gültig angesehenen Lebensphilosophie. Erst spät im Text und nur mit zwei kurzen Sätzen greift Sakai das in der Überschrift angekündigte Thema «Schlafmethode» auf und lässt es unbearbeitet im Raum stehen.

Die Sequenz lautet:

Wenn man mehr Zeit hätte

Im Alter von 17 Jahren stand ich im Frühling allein am Bahnhof von Port Arthur und träumte davon, von meinem früheren Schicksal befreit zu werden. Die Würfel waren bereits gefallen; es war nichts mehr zu ändern. Hier habe ich alles noch einmal überdacht: Ich bin kein Mensch, der alltägliche Fähigkeiten besitzt. Das bedeutet, um alltägliche Dinge zu tun, brauche ich für alles ein Mehrfaches der Zeit anderer Leute. Weil ich sowieso ein zurückgebliebenes Kind war, hatte ich viel Ausdauer, und wenn ich nur nicht aufgäbe, würde schon irgendetwas daraus werden; sollte sich herausstellen, dass nichts daraus würde, wäre immer noch Zeit aufzugeben. Was ich im Folgenden entdeckte, war *Der Schlaf des Napoleon* (Verlag Tokunoma Shoten). Diesen Namen habe ich von der Schlafmethode Napoleons hergeleitet, der nur drei Stunden geschlafen haben soll. Ein Tag hat nur 24 Stunden. Ich habe große Anstrengungen unternommen, um Zeit zu schaffen. Wenn man mehr Zeit hätte, gäbe es keine Hetze mehr. Ohne Hetze wären wir ausdauernder. Und wenn sich dann Zufriedenheit einstellt, können sich die Träume unbegrenzt ausbreiten. Dadurch wird auch die Willenskraft hervorsprudeln. Und dann kann ein neues Selbstbewusstsein aufgebaut werden. Ist es nicht gerade dieses Selbstbewusstsein, das eine universelle Persönlichkeit hervorbringt, die Fähigkeiten selbst schafft und heranbildet?

Wie bettet Sakai das Thema Schlafmethode ein? Zunächst führt er die Erfahrung einer schlagartigen Erkenntnis an, deren Authentizität er mit Details unterstreicht, die keinen Bezug zum Schlafen haben: im Alter von 17 Jahren, im Frühling, am Bahnhof von Port Arthur, allein. Diese Details werden eingesetzt, um eine bestimmte Atmosphäre entstehen zu lassen: Frühling ist die Zeit des Erwachens, des Neuanfangs, eine Zeit, in der sich neue Möglichkeiten eröffnen. Ein ähnliches Bild vermittelt auch sein Alter. 17 Jahre ist ein Alter, in dem man sich und andere kennenlernt, wichtige Entwicklungen durchmacht und Großes wagt. Allein zu stehen kann Einsamkeit bedeuten, aber auch Stärke und Unabhängigkeit; «niemand hat mir geholfen, ich bin selbst draufgekommen». Ein Bahnhof ist ein Ort des Kommens und Gehens, ein Ort des Abschiedes und des Wiedersehens, ein Ort des Richtungswechsels, wo die eigene Energie neu geordnet wird. Port Arthur auf der Halbinsel Liaotung war von 1905 bis 1945 japanischer Marinestützpunkt. Über die Spekulation hinaus, warum Sakai gerade dort (und trotz seiner Zurückgebliebenheit bereits im Alter von 17 Jahren) studiert hat, ist auch die Konnotation eines Marinestützpunktes mit Napoleon, dem erfolgreichen Feldherrn, der angeblich nur drei Stunden Schlaf benötigte, möglich. Das Militär steht für Autorität und Bewahrung von Ordnung sowie für (eine bestimmte Art von) Ethik. Ein Alter von 17 Jahren bedeutet auch, dass das Ereignis 1938 – also nach Ausbruch des Chinesisch-Japanischen Krieges – stattfand.

Die Logik seiner Erkenntnis ist nicht leicht nachzuvollziehen:

Nicht jedes «minderwertige» Kind entwickelt von selbst ein übergroßes Maß an Ausdauer. Warum ein Mensch, der keine alltäglichen Fähigkeiten besitzt, seine Tätigkeiten mit Geduld und Ausdauer erledigen muss und erst aufhören darf, wenn sich herausstellt, dass diese Anstrengungen zu nichts führen, ist nicht schlüssig. Bräuchte ich selbst für alles viel mehr Zeit als andere Menschen, würde ich mir vorher genau überlegen, welche Anstrengungen zu den erhofften Ergebnissen führen könnten und welche Ergebnisse so wichtig sind, dass ich meine Zeit und Energie dafür investiere. Es ist davon auszugehen, dass potenzielle japanische Leser diesen Text nicht analysieren, sondern eher impressionistisch aufnehmen. Sakai bestärkt in diesem Text Tugenden des Durchhaltens und der bedingungslosen Hingabe, Dinge bis zum Ende durchzuführen. Seine Philosophie erinnert an die Einstellung der Soldaten in der militärischen Eliteausbildung von Edajima, aus deren Reihen die Kamikaze-Piloten rekrutiert wurden und deren Tugenden auch heute noch in Ausbildungsprogrammen für zukünftige Manager vermittelt werden: Obwohl ihnen angeblich bewusst war, dass Japan den Krieg verlieren würde, war es für sie selbstverständlich, sich «reinen Herzens» bis in den Tod für die Sache Japans zu engagieren. Da Sakai selbst den Zusammenhang zum Marinestützpunkt und zum Feldherrn Napoleon herstellt, ist eine Assoziation mit militärischen Tugenden wohl nicht so weit hergeholt.

An den Hinweis auf die Schlafmethode – dies geschieht mittels Erwähnung des Titels seines früheren Buches –, die Sakai als Konsequenz seiner Erkenntnis präsentiert, schließt direkt die Feststellung über die Notwendigkeit des sorgfältigen Ausnutzens der Zeit an, die zentrale Aussage des Prologes: Mehr Zeit bedeutet weniger Hetze, das Leben wird gemütlicher. Dies wiederum führt zu mehr Ausdauer und Geduld. Da man sich nicht so sehr abhetzen muss, beschäftigt man sich gerne auch längere Zeit mit einer Sache. Das bringt Erfolg mit sich. Daraus ergibt sich Zufriedenheit aufgrund des Erfolges, Träume breiten sich aus, denn viele neue Möglichkeiten des Erreichbaren werden wahrscheinlich. Durch die Erfolge erhöht sich die Motivation und die Willensstärke, was wiederum das Selbstbewusstsein stärkt. Mit der Entwicklung neuer Fähigkeiten kommt es letztlich zum Werden einer ganzheitlichen Persönlichkeit.

Der Autor kennt nur eine Lösungsmöglichkeit für das Zeitproblem, nämlich (innerhalb der vorgegebenen 24 Stunden) mehr davon zu schaffen, indem der – unproduktive – Schlaf verkürzt wird. Der Gedanke, sich auf das Wesentliche zu konzentrieren, kommt ihm nicht. Die Aussicht auf mehr Zeit ist wohl auch die wichtigste Motivation für Leser, das Buch in die Hand zu nehmen. Wer möchte nicht mehr leisten können und dennoch mehr Zeit für sich haben?

Im Spannungsverhältnis zwischen geforderter Leistung und physiologisch notwendigem Ausruhen gehört Sakai zu denjenigen, die Letzteres für Erstere opfern. Dem Autor fällt als logische und einzige Schlussfolgerung für das Zeitproblem nur die Reduzierung des Schlafes ein. Die Leistungserfordernisse selbst hinterfragt er nicht. Vielmehr nimmt er als selbstverständlich an, dass es einen allgemein akzeptierten Wert darstellt, mehr und mehr zu leisten, und dass dies eine der wichtigsten Bestrebungen der Menschen überhaupt ist. Ähnlich wie in den zitierten Schulbüchern in der Vormoderne geht auch Sakai offensichtlich davon aus, dass Schlaf bei ausreichender Disziplin praktisch uneingeschränkt manipuliert werden kann. Auch dies erinnert an militärische Tugenden. Im Buch *Die Chrysantheme und das Schwert* (1946) zitiert Ruth Benedict einen Captain Teshima, der auch nach einer mehrtägigen Truppenübung im Jahr 1934 oder 1935, bei der den Soldaten kaum Ruhe gegönnt war, die jungen Rekruten zum Wachdienst einteilte. Auf die Frage des anwesenden amerikanischen Colonels Harold Doud, warum er die Rekruten nicht schlafen lasse, meinte der Captain: «Nein, nein; das ist nicht notwendig. Sie wissen bereits, wie man schläft. Sie müssen trainieren, wie man wach bleibt.» Sakai setzt eine ähnliche Einstellung auch bei seiner Leserschaft voraus. Mit keinem Wort deutet er an, dass sich die Reduktion des Schlafvolumens negativ auswirken könnte; ganz im Gegenteil.

Erstaunlich ist die Prophezeihung derart weitreichender Auswirkungen auf die Gesamtpersönlichkeit durch die Anwendung der Schlafmethode, die zunächst wohl niemand erwartet: Zufriedenheit, Willenskraft, Selbstbewusstsein und eine ganzheitliche Persönlichkeit. Tatsächlich geht es bei der Erziehung in Japan allgemein weitgehend um Menschenbildung, wie ich schon im Kapitel über die sozalen Regeln von *inemuri* deutlich gemacht habe. Mehr als eine Schlafmethode scheint der Autor seine Lebensphilosophie vorstellen zu wollen. Seine Lebensgeschichte ist primär ein Argument für Ausdauer, nicht für kurze Schlafzeiten. Freude, an sich selbst zu arbeiten mit der Perspektive der Persönlichkeitsentwicklung und dem Erstreben von gesellschaftlicher Anerkennung, ist dabei wichtig. Geld und Karriere spielen keine Rolle.

Nach Beendigung seines Kernarguments über die Ausdauer führt der Autor noch einmal sein Alter an. Die Wiederholung der Zeitperspektive unterstreicht deren Wichtigkeit beziehungsweise die Wichtigkeit, die Zeit zu nutzen (die nach Erfahrung des Autors so schnell vergeht). Und mit Hilfe eines Gedichtes mit dem Tenor «Nutze die Zeit, sie vergeht so schnell» nimmt er für sich zum Abschluss des Prologs in Anspruch, für die noch unerfahrene Jugend zu sprechen. Es ist nicht deren freie Entscheidung, etwas mit der Zeit anzufangen, sondern eine gesellschaftliche Notwendigkeit, ihr Potenzial zu nutzen.

Wie alle Autoren von Schlafratgebern fordert Sakai im ersten Kapitel seines Buches, mit Vorurteilen aufzuräumen, als welche er Meinungen wie «Ein Achtstundenschlaf ist gesund» oder «Nach dem Essen wird man müde» sieht. Ab dem zweiten Kapitel diskutiert er Methoden zur Reduzierung des Schlafes. Sakai baut seine Ausführungen auf einer theoretischen Grundlage auf, die er nach eigenen Aussagen erstellt hat, «ohne ein einziges medizinisches Werk zu konsultieren. Deshalb», so bemerkt er weiter, «ist eben nichts zu machen, wenn meine Ausführungen als willkürlich abgetan werden». Tatsächlich widersprechen seine Ideen medizinischen und chronobiologischen Erkenntnissen. Er teilt die Funktionen des Schlafes in eine Regenerierung des Körpers, des Hirns und des vegetativen Nervensystems ein, für die jeweils drei Stunden notwendig seien. Werde eine gleichzeitige Erholung dieser drei Funktionen ermöglicht, brauche der betreffende Mensch nur drei Stunden Schlaf. Geschieht die Erholung hintereinander, so sind neun Stunden Schlaf notwendig, wobei es auch Zwischenstufen dieser Varianten gibt. Sakai selbst schläft vier Stunden.

Wie sieht das Rezept des Sakai Hiroshi aus, der sich in seinem siebzigjährigen Leben eine Unzahl an Qualifikationen und Kenntnissen aneignen konnte? Fujimoto Kenkō fasst in seinem Buch *Die Ultra-Kurz- und Tiefschlaf-Methode, die Sie verändert* (1995) die Grundregeln des von ihm bewunderten Sakai zusammen:

1. Jeden Tag zur gleichen Zeit schlafen gehen und aufstehen. – Sakai selbst geht um 23:30 Uhr zu Bett und steht um 3:30 Uhr auf, schläft also vier Stunden. – Knapp zwanzig Seiten zuvor führt Fujimoto aus, dass ein Schlafzyklus etwa eineinhalb Stunden beträgt, weshalb es sinnvoll ist, ein Vielfaches von diesen eineinhalb Stunden, also eineinhalb, drei, viereinhalb oder sechs Stunden zu schlafen.
2. Wenn man in der Früh einmal wach wird und wieder einschläft, tut man sich später schwer, aufzustehen; deshalb sollte man da aufpassen und sofort aufstehen.
3. Beim frühen Aufstehen am Anfang nicht unvernünftig sein beziehungsweise nichts erzwingen, zunächst mit einer halben Stunde oder einer Stunde Reduktion beginnen.

4. Am Samstag und Sonntag nicht ausschlafen, den gleichen Rhythmus beibehalten wie unter der Woche. Und dann kann man jährlich eine Qualifikation erringen.

Über den Erfolg oder Misserfolg der Methode entscheidet also, ob es jemand schafft, früh aufzustehen, und ob er / sie auch am Wochenende nicht der Versuchung erliegt, sich auszuschlafen. Gerade hierin liegt für viele das Problem, diese Methoden durchzuhalten. Herr Watanabe, ein junger Angestellter aus Nara, versuchte längere Zeit über, Sakais Ratschläge zu befolgen, es gelang ihm jedoch nicht, seinen Schlaf entscheidend zu verkürzen.

Eine wichtige Methode Sakais ist, die rechte und die linke Gehirnhälfte abwechselnd ausruhen zu lassen. Diese Methode ist zwar von Walen und Delphinen bekannt, Menschen haben das allerdings meines Wissens noch nicht geschafft. Wer seinen Nachtschlaf kurz hält, so Sakai, wird untertags müde und muss ständig gegen das Einschlafen ankämpfen. Das schärft den Geist und hält ihn rege. Auch *inemuri* (das Wort selbst verwendet er nicht), das sowohl Napoleon auf seinem Pferd als auch hochrangige Personen in Sitzungen praktizier(t)en, empfiehlt er als wichtigen Teil seiner Kurzschlafmethode. Dass gerade diese erfolgreichen Personen oft tagsüber für kurze Zeit schlafen, beweist für ihn auch die Durchschlagskraft seiner Schlafmethode. Nicht nur in der Bahn und in einer Sitzung, sondern wann immer man ein paar Minuten warten muss, sei es vor einem Geschäftstreffen, in einem Café oder vor dem Unterricht, solle man diese wenigen Minuten zum Schlafen nutzen. Entscheidend sei nicht, ob man dabei schnarche, sondern dass man lerne, im richtigen Moment aufzuwachen und die entscheidenden Informationen zu bekommen. Schlafen ist nicht zum Bekämpfen von Müdigkeit da, sondern man sollte ihn immer als Vorbereitung für die folgenden Aktivitäten sehen. Darüber hinaus geben Sakai und Fujimoto Ratschläge für die richtige Ernährung,

Bewegung und dergleichen mehr. Zum großen Teil sind das Vorschläge, die auch in anderen derartigen Publikationen zu finden sind.

Zeitgewinn ist auch das Ziel von Fujimoto. Er stellt fest, dass jeder Mensch täglich 24 Stunden zu seiner Verfügung hat, um seine Träume zu verwirklichen: Geschäftsleute bemühen sich um den Aufstieg in der Firma, Prüflinge um den Eintritt in die angestrebte Universität, junge Frauen verfolgen ihren Traum von romantischer Liebe und Zukunft. Doch «hier gibt es eine absolute Tatsache: Während wir schlafen, können wir nichts tun!» Deshalb hatten so hervorragende Männer wie der ganz Europa beherrschende Napoleon, der Erfinderkönig Thomas A. Edison und der erfolgreiche amerikanische Stahlindustrielle Andrew Carnegie eine Kurzschlaftechnik. Fujimoto lädt die Leserinnen und Leser ein, sich zu überlegen, wie es wäre, wenn sie täglich fünf Stunden mehr zu ihrer Verfügung hätten. Sicherlich, so vermutet er, würde sich ihr Leben dann von Grund auf ändern: Alles ist möglich; diese fünf Stunden wären eine vollkommen freie Zeit, denn sie sind zum bisherigen Tag noch dazuzuzählen. Im Monat bedeute dies 150 Stunden, also gut und gerne eine Woche zusätzlich! Und in einem Jahr mache das bereits 1825 Stunden, das heißt mehr als zwei Monate aus. Ein Jahr hätte nicht mehr zwölf Monate, sondern jedes Jahr bestünde aus 15 (sic!) Monaten. Selbstverständlich habe ein Kalenderjahr 365 Tage, aber für diejenigen, die ihren Schlaf täglich um fünf Stunden verkürzten, wären es 440; jährlich 70 Tage mehr zum Leben!

Der Autor schränkt selbst ein, dass wohl nicht jeder seine Schlafenszeit unvermittelt von acht auf drei Stunden kürzen kann, und rät, zunächst mit nur einer Stunde anzufangen. «Machen Sie Schluss mit Ihrem verschlafenen Leben mit acht bis neun Stunden Schlaf und fangen Sie sofort mit dem Kurz- und Tiefschlaf-Leben an!» Das bewirke einen klaren Kopf, gutes Gedächtnis, Konzentrationsfähigkeit und Ausdauer. Schläfrigkeit, Trägheit und Lustlosigkeit seien nicht mehr möglich, Schaffensdrang und Lebensenergie kommen aus dem Innersten. Stress und ständiges Klagen, dass die Zeit davonläuft, seien nicht mehr möglich, alles werde unerschrocken angepackt. Seinen eigenen Erkenntnissen habe er die Techniken von Gleichgesinnten – wie Sakai – hinzugefügt und «gebe es der Welt als ‹das Buch mit der allerstärksten Kurzschlaftechnik›».

Den Beweis, dass man mit drei oder etwas mehr Stunden auskommt, bringt Fujimoto nicht nur durch seine eigene Erfahrung. Er berichtet von einem Experiment mit Schlafentzug. Wer nach drei Tagen ohne jeglichen Schlaf zehn Stunden schläft, ist wieder vollkommen hergestellt. Seine Leistungen und Hirnströme unterscheiden sich praktisch nicht von jemandem, der/die täglich acht Stunden schläft. Folglich brauche man nicht mehr als drei, maximal vier Stunden Schlaf. Eine einfache und logische Rechnung, nur sagt Fujimoto nichts darüber, wie die Hirnströme während der drei Tage Schlafentzug aussehen.

Denn die Schlafmenge ergebe sich aus Schlafenszeit mal Schlaftiefe. «Faulschläfer» können jedenfalls nicht tief schlafen. Wer also lange schläft, schläft automatisch einen oberflächlichen Schlaf. Wer hingegen sehr müde wird, fällt sofort in den Tiefschlaf. Das gilt auch für kurze Nickerchen zwischendurch. Fujimoto führt einen internationalen Vergleich von Schlafenszeiten an, in den Japan (6:34), Korea (6:35), die USA (7:04), Mexiko (7:10) und England (7:28) aufgenommen sind. Da die japanischen Schlafenszeiten hier am kürzesten sind, aber das Land gleichzeitig die höchste Lebenserwartung aufweist, sieht er diese Statistik als Beweis dafür, dass kurze Schlafenszeiten gesund sind und ein langes Leben ermöglichen. Die *Mainichi Shinbun* zitiert am 20. Februar 1995 unter dem Titel «Das *inemuri* ist die Gesundheitsmethode der Japaner» einen gleichlautenden Artikel in *Straits Times* (18. Februar), einer in Singapur erscheinenden englischsprachigen Zeitung, wonach der

Autor/die Autorin vom Essen über das gemütliche Kaffeetrinken und die grünen Gärten oder das Hören von klassischer Musik verschiedene Gründe aufzählt, warum die Lebenserwartung in Japan die höchste der Welt ist. Ganz besonders hebt der Artikel aber hervor, dass die Japaner in den Zügen und überall schlafen und sogar die Parlamentsabgeordneten das während der Sitzungen tun. Abgesehen von den Vorteilen für die Lebenserwartung sind auch bei Fujimoto Nickerchen am Tag ein gutes Mittel, sich anschließend geistig frisch zu fühlen.

Autoren, die empfehlen, den Schlaf zu verkürzen, empfinden das Schlafen immer als verlorene Lebensphase, in der man weder weiterkommt noch sich vergnügen kann. «Einem Menschen, der acht oder sogar neun Stunden schläft, bleiben – [...] weil er auch noch für die Arbeit mindestens neun Stunden verliert – für die wirklichen menschlichen Erfahrungen von der restlichen Zeit gerade noch zwei Stunden übrig. Und wenn er diese wertvolle restliche Zeit noch mit Nörgeln und Meckern verbringt, dann frage ich mich, welche Erfahrungen dieser Mensch dann an einem ganzen Tag überhaupt noch macht.» Fujimoto plädiert dafür, die Menschen und ihren Erfahrungshintergrund nicht nach deren kalendarischem Alter zu beurteilen, sondern nach der Zeit, die sie wach verbracht haben.

Bei all diesen Argumenten wird deutlich, dass es bei der Verkürzung der Schlafenszeit nicht nur und nicht einmal in erster Linie darum geht, Zeit zu gewinnen. Die Betonung liegt vielmehr auf der Ausdauer, die jemand erwirbt, der sich viele Stunden lang mit etwas beschäftigt, ob jemand *ganbari* macht, sich durchkämpft, auch wenn es unangenehm ist. Ein wichtiges Anliegen beim Schlafentzug ist darüber hinaus dessen Wert als asketische Übung zur Überwindung niedriger Bedürfnisse und Triebe, etwas, was weder auf Japan noch auf die Gegenwart beschränkt ist. Da es besonders schwerfällt, in der Früh aufzustehen, wird auf diesen Punkt besonders großes Augenmerk gelegt. Kurze Nickerchen haben hingegen kein negatives Image. Autoren wie Sakai sehen *inemuri* als Merkmal erfolgreicher, gesellschaftlich hochrangiger Personen, etwa auch von Abgeordneten, und «beweisen» damit sozusagen, dass die Kurzschlafmethode einschließlich *inemuri* zum Erfolg führt.

Die Mediziner

Auch einige Mediziner und Naturwissenschaftler befürworten den Tagesschlaf. Zu diesen gehört Chiba Yoshihiko, der damalige Vorsitzende der Japanischen Vereinigung für Chronobiologie, der in seinem Buch *Nacht und Tag im Körper* (1996) eine «neue Anschauung von Tag und Nacht aus der Sicht der Chronobiologie» darlegt. Er erklärt, wie der Körper auf tages- und jahreszeitliche Änderungen durch die äußere Natur sowie auf soziale, kulturelle und religiöse Einflüsse reagiert und wie gleichzeitig physiologische Gegebenheiten die sozialen, kulturellen und religiösen Aspekte dessen, wie Tag und Nacht betrachtet und wahrgenommen werden, mitbestimmen. Der Neurologe Matsubara Eita führt in seinem Buch *Die Kurzschlafmethode zum Gescheitwerden* (1993) aus, dass die «Urmenschen» durch die Errichtung von einigermaßen sicheren Behausungen und die sicherere Ernährungssituation mit der Zeit immer mehr ungestörten Schlaf finden konnten, was wesentlich dazu beigetragen habe, dass sich ihr Gehirn weiterentwickelt hat. Das unterscheidet sie von den Tieren. Heute habe sich die Situation jedoch radikal geändert. Die Dunkelheit stelle keine wirkliche Bedrohung mehr dar. Im Gegenteil sei an ihre Stelle das «Zeitalter der künstlichen weißen Nächte» getreten. Dies habe den Lebensstil revolutionär verändert. Viele Geschäfte und Einrichtungen würden auch in der Nacht betrieben, und sie alle seien erfolgreich. Den in einer Agrargesellschaft vorherrschenden Typus eines Menschen, der «früh zu Bett geht und früh aufsteht», gebe es nicht mehr. Viele seien bis tief in die Nacht hinein wach, würden aber am Morgen, «wie es sich gehört», früh aufstehen: Ein neuer Typus des Kurzschläfers sei entstanden. Grundsätzlich passten sich viele physiologische Phänomene den geänderten Umweltbedingungen an. Deshalb sei auch der Mythos des Achtstundenschlafes nichts anderes als eine obsolet gewordene Gewohnheit, die es nun zu ändern gelte. An die Stelle des Langschlafes, der früher seine Berechtigung gehabt habe, trete jetzt der Kurzschlaf, ja sogar der Ultra-Kurzschlaf.

Matsubara steht stellvertretend für eine neue Argumentationslinie in den Naturwissenschaften. Viele neuere medizinische Ratgeber führen an, dass es große individuelle Unterschiede in der Schlafdauer gibt und der achtstündige Nachtschlaf nichts weiter als eine irrige Meinung sei. Sie schließen daraus, dass es jeder Mensch selbst in der Hand habe, mit wie viel Schlaf er auskomme, und empfehlen eine Hauptschlafphase während der Nacht, die bei seriösen Autoren mindestens viereinhalb, meistens sechs Stunden dauern soll (dabei ist darauf zu achten, dass man immer in einer oberflächlichen Schlafphase aufwacht). Da bei Schlafgesunden der Tiefschlaf konzentriert in der ersten Schlafhälfte auftritt, ist damit die körperliche Erholung gewährleistet. Zusätzlich sollen dann während des Tages bei Bedarf kurze Schlafphasen eingelegt werden. Die Schwerpunkte und Argumentationen sind jedoch je nach Publikation verschieden. Manche Autoren betonen die Verkürzung des Nachtschlafes, andere das frühe Aufstehen, was ebenfalls auf eine kürzere Schlafphase während der Nacht hinausläuft. Wieder andere heben die Vorzüge der verschiedenen Formen des Tagesschlafs hervor.

Schläfrigkeit kann dem Schlafmediziner Inoue Shōjirō zufolge auch als Schutzfunktion gegen eine «Überhitzung» des Gehirns aufgefasst werden. Inoue erachtet einen Mittagsschlaf von etwa zwanzig Minuten für erholsamer als *inemuri* und empfiehlt Letzteres dann, wenn keine andere Möglichkeit gegeben ist, als nur ein paar Minuten zu schlafen. Demgegenüber hebt sein Kollege Torii Shizuo gerade den besonderen Effekt des nur wenige Minuten dauernden Schlafes hervor. Einig sind sich beide, dass längerer und damit tieferer Schlaf vor allem hilft, sich von körperlicher Ermüdung zu erholen, während der extrem kurze, oberflächliche Schlaf insbesondere zur geistigen Erfrischung beiträgt. Hori Tadao und sein Team an der Hiroshima-Universität haben herausgefunden, dass ein regelmäßiger Mittagsschlaf von bis zu 20 Minuten die Gefahr von Alzheimer um etwa ein Sechstel reduziert, während allerdings ein regelmäßiger zweistündiger Tagesschlaf die gegenteilige Wirkung hat.

Ein immer wieder angeführter vorteilhafter Effekt des extrem kurzen Schlafes ist das Auftreten von Geistesblitzen. Gern angeführt wird das Beispiel des Surrealisten Salvador Dalí. Er soll den Mikroschlaf als geeignetes Mittel für einen Einstieg in seine Traumwelt und damit zu seinen Phantasien genutzt haben. Dazu saß er mit einem Löffel in der Hand über einer Blechschale. Sobald er eingeschlafen war, fiel ihm der Löffel aus der Hand, es schepperte, und er wachte auf. Auf diese Weise wurde er zu seinen Bildern inspiriert. Der erste japanische Nobelpreisträger, Yukawa Hideki (1907–1981) hat angeblich die relevanten Entdeckungen zur Mesonentheorie solchen Nickerchen zu verdanken. Er hatte immer ein Notizbuch bei sich und dämmerte beim Nachdenken oft weg.

Wie Torii erläutert, haben seine Entdeckungen nichts mit einer naturgegebenen Genialität von Nobelpreisträgern zu tun. Sie lassen sich physiologisch erklären: Das menschliche Gehirn ist in rechte und linke Hirnhälfte unterteilt, die unterschiedlich funktionieren. Die linke Logikhälfte arbeitet analytisch und ist für die Sprache zuständig, die rechte Gestalthälfte sieht Bilder. Wissenschaftler wie auch andere Menschen, die den ganzen Tag am Schreibtisch sitzen, benutzen hauptsächlich ihre linke Gehirnhälfte. Um kreativ zu sein, muss aber die rechte Hälfte aktiv werden. *Inemuri* (hier im Sinne von Mikroschlaf zu verstehen) ist ein Mechanismus, deren Aktivität zu erhöhen. Durch computertomographische Untersuchungen der Hirnwellen wurde erkannt, dass gleich nach dem Einschlafen die Logikhälfte zur Ruhe kommt, aber die Gestalthälfte aktiv wird. Diese Gestalthälfte ist die Gehirnhälfte, in der Geistesblitze auftreten, da sie die Ergebnisse im Ganzen und bildlich sieht. Auf diese Weise kann man ein Problem, das man schon längere Zeit mit der linken Gehirnhälfte bearbeitet hat, plötzlich im Schlaf mit der rechten als Ganzes lösen. Dieses Phänomen wird mit dem Spruch *«kahō wa nete mate»* (um etwas zu vollenden, schlafe und warte!) treffend beschrieben. Da wir Menschen unsere Träume aber normalerweise sofort wieder vergessen, vor allem, wenn wir anschließend in Tiefschlaf verfallen, nützt uns dieser Geistesblitz nur dann, wenn wir gleich wieder aufwachen und die Idee notieren. Deshalb treten Geistesblitze besonders beim kurzen *inemuri* auf. Man kann, so auch Matsubara, neben anderen von Thomas Edison lernen, der selten eine Nacht durchgeschlafen, aber die Kunst des Ultra-Kurzschlafes besonders gut beherrscht hat. «Hätte Edison acht Stunden in einem Stück geschlafen, hätte sich die Zahl seiner Träume verringert. Man kann wohl annehmen, dass er sich dann keinen Namen als Erfinderkönig gemacht hätte.» In einer kürzlich erschienenen Studie haben Psychologen der Harvard-Universität herausgefunden, dass zwar nicht wenige Minuten, aber zumindest ein Tagesschlaf von circa 60–90 Minuten genauso effektiv für die Verbesserung der Aufnahmefähigkeit ist wie ein achtstündiger Nachtschlaf.

Torii sieht deshalb die Zeit für eine positive Neubewertung des *inemuri* gekommen. Abgesehen von dem eben beschriebenen *inemuri*-Effekt, sieht er das *inemuri* in der Bahn und in Arbeitspausen als eine Art «Schutzinstinkt», der die Gesundheit erhalten hilft. Den Menschen von heute bleibe ohnehin nichts anderes übrig, als den Nachtschlaf zu verkürzen, so Matsubaras Resümee. Sie können diese Notwendigkeit aber in ihren Vorteil umwandeln. Mit dieser Neubewertung durch die Medizin bekommt das altgeliebte *inemuri* eine wissenschaftliche Grundlage. Für die meisten japanischen Praktiker dieser Methode ist *inemuri* aber vor allem eines: angenehm, und es fördert so das Wohlbefinden.

Von inemuri lernen

Ich möchte die Leserinnen und Leser einladen, eine Reise in das faszinierende Thema der japanischen Schlafgewohnheiten zu unternehmen und sich mit mir Gedanken darüber zu machen, ob und wie wir von diesen Erfahrungen auch lernen und die ein oder andere Anregung für unser eigenes Leben mitnehmen können.

- *Inemuri* dient als soziale Tarnkappe.
- *Inemuri* erlaubt erotische Annäherungen ohne Sanktionen.
- *Inemuri* erlaubt Protest ohne Sanktionen.
- Zwei Minuten *inemuri* machen fit für zwei Stunden Arbeit.
- Mit *inemuri* kann man sich auf wichtige Termine vorbereiten.
- *Inemuri* überbrückt Langeweile.
- *Inemuri* reduziert Alzheimer.
- Wer *inemuri* betreibt, lebt länger.
- *Inemuri* macht munter.
- *Inemuri* reduziert Stress.
- *Inemuri* zeigt, wie sehr sich jemand für die Familie/Firma/Schule einsetzt.
- *Inemuri* macht aus einem Tag zwei oder mehrere.
- *Inemuri* zeigt Selbstbewusstsein.
- *Inemuri* führt zu Geistesblitzen.
- *Inemuri* ist ein Genuss.

Ob Lerche oder Nachtigall, ob Schlaf bei Tag oder bei Nacht, an einem Stück oder in kleinen Happen, regelmäßig oder wann es gerade in den Sinn kommt, im Privaten oder in der Öffentlichkeit – Schlafen ist nicht nur biologisch bedingt, sondern auch sozial und kulturell erlernt. Finden Sie für sich die Schlafweise, die Ihnen gut tut und für Sie praktikabel ist. Wie immer die auch aussieht, Sie werden die Argumente, die Ihre Sichtweise unterstützen, in diesem Buch finden.

Zitierte und weiterführende Literatur

Anthony, William und Camille Anthony: *The art of napping at work. The no-cost, natural way to increase productivity and satisfaction.* New York: Larson Publications, 1999.

Baxter, Vern und Steve Kroll-Smith: «Normalizing the workplace nap. Blurring the boundaries between public and private space and time», *Current Sociology* 53 / 1, 2005, S. 33–55.

Ben-Ari, Eyal: *Body projects in Japanese childcare. Culture, organization and emotions in a preschool.* Richmond, Surrey: Curzon 1997.

Borbély, Alexander: *Das Geheimnis des Schlafs. Neue Wege und Erkenntnisse der Forschung.* Frankfurt am Main und Berlin: Ullstein, 1991.

Chiba, Yoshihiko: *Karada no naka no yoru to hiru. Jikanseibutsu-gaku ni yoru atarashii chūyukan* [Nacht und Tag im Körper. Neue Anschauungen über Tag und Nacht durch die Chronobiologie]. Tokyo: Chūō Kōronsha, 1996.

Coe, Jonathan: *Das Haus des Schlafes.* München: Piper, 1998.

Comby, Bruno: *Wach durch Powerschlaf. Energien aktivieren in zwei Minuten – im Büro, zu Hause, zu jeder Tageszeit – mit der sensationellen Schnell-Schlaf-Methode.* München: Goldmann, 1997.

Coren, Stanley: *Die unausgeschlafene Gesellschaft.* Reinbek bei Hamburg: Rowohlt, 1999.

Degen, Rolf: *Der kleine Schlaf zwischendurch. In Minuten frisch, erholt und fit.* Reinbek bei Hamburg: Rowohlt, 1997.

Dibie, Pascal: *Wie man sich bettet. Die Kulturgeschichte des Schlafzimmers.* Stuttgart: Klett-Cotta, 1991.

Dinges, David F. und Roger J. Broughton (Hg.): *Sleep and alertness. Chronobiological, behavioural and medical aspects of napping.* New York: Raven Press, 1989.

Eder-Matt, Katharina: *Wie sie sich betten.* Basel: Museum für Volkskunde, 1994.

Ekirch, A. Roger: *At day's close. Night in times past.* New York: W. W. Norton, 2005.

Emich, Birgit: «Zwischen Disziplinierung und Distinktion. Der Schlaf in der frühen Neuzeit», *WerkstattGeschichte* 34, 2003, S. 53–75.

Flitsch, Mareile: *Der Kang [Ofenbett]. Eine Studie zur materiellen Alltagskultur bäuerlicher Gehöfte in der Manjurei.* Wiesbaden: Harrassowitz, 2004 (= Opera Sinologica 14).

Fujimoto, Kenkō: *Anata o kaeru chō-«jukusui tanmin»-hō* [Die Ultra-«Kurz- und Tiefschlaf»-Methode, die Sie verändert]. Tokyo: Mikage Shobō, 1995.

Fujimoto, Kenkō: *Dare ni demo dekiru mijikaku fukaku nemuru hō* [Die Kurz- und Tiefschlafmethode, die jeder kann]. Tokyo: Mikage Shobō, 1999.

Garhammer, Manfred: *Wie Europäer die Zeit nutzen. Zeitstrukturen und Zeitkulturen im Zeichen der Globalisierung.* Berlin: Edition Sigma, 1999.

Gleichmann, Peter R.: «Einige soziale Wandlungen des Schlafens», *Zeitschrift für Soziologie* 9 / 3, 1980, S. 236–250.

Gleichmann, Peter R.: «Schlafen und Schlafräume», *Journal für Geschichte* 2, 1980, S. 14–19.

Goffman, Erving: *Behavior in public places. Notes on the social organization of gatherings.* New York: The Free Press, 1963.

Gonda, Yasunosuke: *Minshū goraku to kichō* [Volksvergnügungen und Basisstudien]. Neu hg. von Ishikawa Hiroyoshi. Tokyo: Ōzorasha, 1989.

Greenfeld, Karl Taro: *Speed tribes. Days and nights with Japan's next generation.* New York: Harper Collins, 1994.

Hall, Edward T.: *The dance of life. The other dimension of time.* New York: Anchor Books, 1983.

Hanley, Susan B.: *Everyday things in premodern Japan. The hidden leg-*

acy of material culture. Berkeley: University of California Press, 1997.

Hauri, Peter und Shirley Linde: *Das große Buch vom gesunden Schlaf. Schlafprobleme lösen ohne Medikamente.* Rastatt: Moewig, 1994.

Haus der Kunst München (Hg.): *Die Nacht.* Wabern-Bern: Benteli, 1998.

Hecht, Karl: *Besser schlafen – schöner träumen.* Düsseldorf und Wien: Econ, 1993.

Hennig, Nina und Heinrich Mehl: *Bettgeschichte(n). Zur Kulturgeschichte des Bettes und des Schlafens.* Schleswig: Volkskundliche Sammlungen des Schleswig-Holsteinischen Landesmuseums (= Arbeit und Leben auf dem Lande 5), 1997.

Herbert, Wolfgang: *Nach Sonnenuntergang. Unter Gangstern, Illegalen und Tagelöhnern.* Berlin: Reimer, 2002.

Inoue, Shōjirō: *Hirune no susume. Tanjikan suimin no fushigi* [Empfehlung zum Mittagsschlaf. Das Wundersame am Kurzschlaf]. Tokyo: Ie no Kōkyōkai, 1996.

Kapitza, Peter: *Japan in Europa. Texte und Bilddokumente zur europäischen Japankenntnis von Marco Polo bis Wilhelm von Humboldt.* München: Iudicium, 1990.

Kawamura, Shigekuni: *«Asa» no yutakana tsukaikata* [Wie man den Morgen gewinnbringend nutzen kann]. Tokyo: Sangokan, 1992.

Kreitzman, Leon: *The 24 hour society.* London: Profile Books, 1999.

Kroll-Smith, Steve: «The social production of the ‹drowsy person›», *Perspectives on Social Problems* 12, 2000, S. 89–109.

Kroll-Smith, Steve: «Popular media and excessive daytime sleepiness. A study of rhetorical authority in medical sociology», *Sociology of Health and Illness* 25 / 6, 2003, S. 625–643.

Kuriyama, Shigehisa und Hashimoto Takehiko (Hg.): *The birth of tardiness. The formation of time consciousness in modern Japan* (= Nichibunken Japan Review 14), 2002.

Kurokawa, Masamichi: *Nihon kyōiku bunkō* [Bibliothek der japanischen Erziehungsliteratur]. Tokyo: Nihon Tosho Sentā, 1977.

Kurosawa, Masatsugu: *«Asagata-ningen» de rakuraku shikaku ga toreru* [Als Morgenmensch kann man ganz gemütlich Qualifikationen erlangen]. Tokyo: Jitsugyō no Nihon-sha, 1994.

Matsubara, Eita: *Atama o yoku suru tanmin-hō* [Die Kurzschlafmethode zum Gescheitwerden]. Tokyo: Mikage Shobō, 1993.

Melbin, Murray: *Night as frontier.* New York: The Free Press, 1987.

Muchi, Yōko: *Yume to nemuri no shiyōhō. Motto jibun ga suki ni naru* [Die Methode zur Nutzbarmachung von Traum und Schlaf. Sich selbst mehr mögen]. Tokyo: Dōbun Shoin, 1993.

Noll, Marcus: *An anatomy of sleep. Die Schlafbildlichkeit in den Dramen William Shakespeares.* Würzburg: Königshausen & Neumann (= Kieler Beiträge zur Anglistik und Amerikanistik 8), 1994.

Oehring, Erika (Hg.): *Süßer Schlummer. Der Schlaf in der Kunst vom 16. Jh. bis zur Gegenwart.* Ausstellungskatalog. Salzburg: Residenzgalerie Salzburg, München u. a.: Deutscher Kunstverlag, 2006.

Ogawa, Kōyō: *Mukashi kara atta Nihon no beddo. Nihon no shingu-shi* [Japanische Betten von alters her – Geschichte des Bettzeugs in Japan]. Tokyo: Edition Wacoal, 1990.

Ōshima, Kiyoshi: *Asa kara nemuru onna wa busu ni naru. Dainō seirigaku ga akasu «ii onna» ni naru hōhō* [Frauen, die schon am Vormittag schlafen, werden hässlich. Die Methode, eine gute Frau zu werden, die die Großhirnphysiologieforschung hervorgebracht hat]. Tokyo: Goma Shobō, 1993.

Ōya, Yasuo: *Shikaku supiido gōkaku-hō* [Die schnelle Methode, Qualifikationen zu erwerben]. Tokyo: PHP Kenkyūjo, 1997.

Paquot, Thierry: *Siesta: Die Kunst des Mittagsschlafes.* Köln: vgs verlagsgesellschaft, 2000.

Plath, David W.: *The after hour. Modern Japan and the search for enjoyment.* Berkeley u. a.: University of California Press, 1964.

Richter, Antje: *Das Bild des Schlafes in der altchinesischen Literatur.* Hamburg: Hamburger Sinologische Gesellschaft (= Hamburger Sinologische Schriften 4), 2001.

Röggla, Kathrin: *Wir schlafen nicht*. Frankfurt am Main: S. Fischer, 2004.

Rohlen, Thomas: *Japan's high schools*. Berkeley u. a.: University of California Press, 1983.

Rohlen, Thomas und Gerald LeTendre (Hg.): *Teaching and learning in Japan*. Cambridge: Cambridge University Press, 1996.

Saisho, Hiroshi: *«Asagata ningen» no himitsu* [Das Geheimnis der «Morgenmenschen»]. Tokyo: Jōhō Sentā Shuppankyoku, 1994.

Sakai, Hiroshi: *Atama no yoku naru yojikan suimin-hō* [Die Vierstundenschlaf-Methode zum Gescheiterwerden]. Tokyo: KK Ronguserāsu, 1991.

Saletu, Bernd und Gerda Saletu-Zyhlarz: *Was Sie schon immer über Schlaf wissen wollten*. Wien: Ueberreuter, 2001.

Sansom, Katharine: *Living in Tokyo*. New York: Harcourt, Brace & Company, 1937.

Schlör, Joachim: *Nachts in der großen Stadt. Paris, Berlin, London 1840–1930*. München: Artemis & Winkler, 1991.

Schneider, Robert: *Schlafes Bruder*. Leipzig: Reclam, 1992.

Schnepel, Burkhard und Eyal Ben-Ari (Hg.): «When darkness comes …: Steps toward an anthropology of the night» (= Schwerpunkt der Zeitschrift *Paideuma* 51), 2005.

Schwartz, Barry: «Notes on the sociology of sleep», in: Arnold Birenbaum und Edward Sangrin (Hg.): *People in places. The sociology of the familiar*. London: Nelson, 1973, S. 18–34.

Seitter, Walter: *Geschichte der Nacht*. Berlin und Bodenheim: Philo, 1999.

Sekoguchi, Yūji: *Atama, kokoro, karada ga kyōken ni naru. Asa 10pun no kikōjutsu* [Kopf, Herz und Körper gesund trainieren. Die morgendliche zehnminütige *kikō*-Technik]. Tokyo: Mikage Shobō, 2000.

Selby, John: *Gut schlafen. Ratschläge für schlaflose Nächte*. München: Knaur, 1991.

Shinkoda, Harumi, Matsumoto Kazuya, Park Young Man und Nagashima Hidetoshi: «Sleep wake habits of schoolchildren according to grade», *Psychiatry and Clinical Neurosciences* 54 (3), S. 287–289.

Sivry, Sophie de und Philippe Meyer: *Die Kunst des Schlafs. Eine kleine soziale, symbolische, medizinische, poetische und liebevolle Geschichte des Schlafs*. Wien: Brandstätter, 1997.

Stampi, Claudio (Hg.): *Why we nap. Evolution, chronobiology, and functions of polyphasic and ultrashort sleep*. Boston: Birkhäuser, 1992.

Steger, Brigitte: *(Keine) Zeit zum Schlafen? Kulturhistorische und sozialanthropologische Erkundungen japanischer Schlafgewohnheiten*. Münster u. a.: LIT, 2004.

Steger, Brigitte und Lodewijk Brunt (Hg.): *Night-time and sleep in Asia and the West. Exploring the dark side of life*. London: RoutledgeCurzon, 2003 (= Beiträge zur Japanologie 38, 2006).

Suimin bunka kenkyūjo und Yoshida Shūji (Hg.): *Nemuri gi no bunkashi. Nemuri no yōsoi o kangaeru* [Kulturjournal des Nachtgewandes. Nachdenken über Schlafbekleidung]. Tokyo: Tōseisha, 2003.

Takada, Akikazu: *Nemuri wa hyakuyaku no chō* [Der Schlaf als Allheilmittel]. Tokyo: Kōdansha, 1993.

Taylor, Brian: «Unconsciousness and society. The sociology of sleep», *International Journal of Politics, Culture and Society* 6 / 3 (Frühling), 1993, S. 463–471.

Thayer, Alexander von: *Die Familie der 100 Millionen*. Dresden: Franz Müller, 1943.

Torii, Shizuo: *Inemuri nifun de genki nijikan. Desuku de utatane dekiru sarariiman hodo shigoto ga dekiru* [Zwei Stunden fit mit zwei Minuten Schlaf. Ein sarariiman, der am Schreibtisch schläft, kann all diese Arbeiten bewältigen]. Tokyo: Goma Shobō, 1995.

Williams, Simon J.: *Sleep and society. Sociological ventures into the (un)known*. London: Routledge, 2005.

Wittmer-Butsch, Elisabeth Maria: *Zur Bedeutung von Schlaf und Traum im Mittelalter*. Krems: Medium Aevum Quotidianum, 1990.

Wöhrle, Georg: *Hypnos, der Allbezwinger. Eine Studie zum literarischen Bild des Schlafes in der griechischen Antike.* Stuttgart: Steiner, 1995.

Yamakawa, Kikue: *Women of the Mito domain. Recollections of samurai family life.* Stanford: Stanford University Press, 2001.

Yamamoto, Ryūnosuke: *Hayaoki* [Früh aufstehen]. Tokyo: Kibōsha, 1925.

Yoshida, Shūji (Hg.): *Suimin bunka-ron* [Abhandlung über die Schlafkultur]. Tokyo: Heibonsha, 2001.

Yoshimoto, Banana: *Dornröschenschlaf. Drei Erzählungen von der Nacht* [Shirakawa yofune]. Zürich: Diogenes, 1998.

Dank

Ich bedanke mich bei allen, die mir mit ihren Geschichten, Beobachtungen und Diskussionen geholfen haben, den Geheimnissen des Schlafes auf die Spur zu kommen, und bei meinen Lektorinnen Rasha Khayat und Julia Suchorski für die wunderbare Betreuung. Die Japan Foundation hat meine Forschungsaufenthalte in Japan finanziert; ein Fellowship der Canon Foundation Europe ermöglichte mir, das Buch zu schreiben.

Bildnachweis

Biwa Studio 130, 131
Edan Bahngesellschaft 151
Lodewijk Brunt 95
Chuo Koronsha 22, 47
Cotsen Family Foundation, Los Angeles 60
Roger Dahl 200
Lynn Hoffman 118, 145
Galerie Minatoya 189
Japan Foundation 18, 21, 29
Keio University Library 27
Kon Wajirō und Yoshida Kenkichi 62, 63, 64
Kunsthistorisches Museum, Wien 82
Sepp Linhart 23
Muranaga Yutaka 154
Musée d'Orsay 81
Nihon 122
Okazaki Toshiaki 116
Iwamiya Takeji 48
Privatbesitz 44
Antje Richter 86
Shūkan Shinchō 141
Shūkan Hōseki (13.2.1997) 159
Shūkan Posuto (14.2.2003) 165
Städtisches Museum Matsumoto 36
Brigitte Steger 9, 10, 13, 14, 28, 35, 37, 117, 119, 121, 126, 128, 132, 142, 156, 198
Takeshi, Michiharu, Yoshihiro und Tetsuji 177